DES

CHAMPIGNONS

COMESTIBLES, SUSPECTS ET VÉNÉNEUX.

✻

IMPRIMERIE DE J. TASTU,
RUE DE VAUGIRARD, N. 36.

✻

DES
CHAMPIGNONS

COMESTIBLES,
SUSPECTS ET VÉNÉNEUX,

AVEC L'INDICATION DES MOYENS A EMPLOYER

POUR NEUTRALISER LES EFFETS DES ESPÈCES NUISIBLES ;

Ouvrage utile

AUX PERSONNES QUI HABITENT LA CAMPAGNE, AUX DAMES BIENFAISANTES
DES CHATEAUX, A MESSIEURS LES MAIRES ET CURÉS DE VILLE
ET VILLAGE, AUX GENS D'OFFICE ;

ET MIS A LA PORTÉE DU PUBLIC.

Accompagné de dix Planches de Dessins faits d'après nature,
coloriés avec soin et représentant DEUX CENTS espèces
groupées sur le terrain qui les nourrit.

Dédié à S. A. R. Madame, duchesse de Berry,

PAR

M. E. DESCOURTILZ,

Docteur en médecine de la Faculté de Paris, ancien médecin
du gouvernement à Saint-Domingue, auteur de la Flore
pittoresque et médicale des Antilles, et membre
de plusieurs Sociétés savantes.

PARIS.

CHAPPRON, RUE DE LA GRANDE-TRUANDERIE, N. 50.
CORNILLON, RUE DES BOUCHERIES SAINT-GERMAIN, N. 40.

*

1827

DUCHESSE DE BERRY.

Madame,

Il serait bien doux pour l'auteur de la Flore pittoresque et médicale des Antilles de couvrir de fleurs les routes que Votre Altesse aime à parcourir en faveur des infortunés; mais un travail plus sérieux, un nouvel ouvrage sur les Champignons, est plus digne de fixer l'attention de Votre Altesse, et plus en possession de flatter son ame

compatissante, car il est destiné à prévenir des accidens mortels, fréquens surtout dans la classe indi-
gente, souvent réduite, dans les temps de disette, à
se contenter, pour unique nourriture, d'espèces plus
ou moins vénéneuses de ces cryptogames.

La permission que VOTRE ALTESSE vient de m'ac-
corder de publier sous ses auspices cé Traité utile,
m'est un sûr garant, MADAME, du succès de l'ouvrage, et fera universellement apprécier le motif
qui m'a fait choisir, aux risques de ma santé, un
sujet aussi dangereux à explorer.

Je suis, avec le plus profond respect,

MADAME,

De Votre Altesse Royale,

Le très-humble et très-obéissant serviteur,
DESCOURTILZ, D. M. P.

AVERTISSEMENT.

Je devais un asile aux bontés de M. le comte de
S. D...., et j'oubliais mes malheurs au milieu du
parc enchanteur et des magnifiques serres qui com-
plètent l'ornement de cette belle propriété. J'y con-
tinuais en paix ma *Flore pittoresque et médicale des
Antilles* [1], lorsque mes hôtes, justement alarmés
d'accidens occasionés par l'usage inconsidéré des
Champignons suspects, m'engagèrent, par suite
de leur beau dévouement à l'humanité souffrante,
à m'occuper d'un travail sur les Champignons qui
pût être à la portée de tout le monde. Comme la
dame du château y devient la mère des pauvres,
et qu'en raison de cette gracieuse bienfaisance
qu'elle exerce journellement envers eux, elle sui-
vait avec moi un cours de botanique usuelle, il me

[1] Huit volumes in-8°, avec six cents planches coloriées avec
soin. Les quatre premiers sont en vente.

vint à l'idée de lui peindre à l'huile toutes les espèces nuisibles que nous trouvions dans nos ex-
cursions ; bientôt on me conseilla d'ajouter à mes
dessins ceux des Champignons suspects et ceux des
Champignons comestibles : de-là l'idée de rassem-
bler en peu de mots ces trois classes , et d'en tracer
un opuscule moins utile aux savans et aux botanistes qu'à ceux qui habitent la campagne. C'est un
hommage que j'offre à l'humanité par les mains de
madame la comtesse de S. D.... et sous les auspices
de S. A. R. Madame, duchesse de Berry, qui a
bien voulu me permettre de placer son auguste
nom à la tête de cet ouvrage.

INTRODUCTION.

IDÉES GÉNÉRALES.

Les savans écrits des Krapf, Schœffer, Trattinnick, Michelli, De Candolle, Bulliard, Paulet, Roques, etc., sur les Champignons, convenables, sous tous les rapports, aux botanistes qui s'occupent de la cryptogamie, sont, pour le public, ou trop volumineux, ou trop compliqués, ou d'un luxe d'érudition et de typographie auquel tout le monde ne peut atteindre. Les descriptions, faites pour les savans, y sont hérissées de mots techniques, d'abréviations, de tournures de phrase choquantes pour les oreilles qui n'y sont point exercées. Les planches, trop multipliées, y donnent les figures d'une infinité d'espèces qu'on ne peut choisir comme aliment, et qui, par conséquent, peuvent donner lieu à des méprises funestes. Dans d'autres ouvrages, on ne figure qu'une partie des espèces qui y sont décrites, ce qui laisse beaucoup à désirer, ou les dessins sont méconnaissables par leur petitesse, leur défaut d'exactitude, et le peu de soin qu'on a mis dans leur confection. Il faut, pour tout dire, avoir un œil très-exercé pour les reconnaître.

Dans ce cas, que doit-on attendre des personnes qui ne se sont pas livrées à cette étude ? Aussi, comme l'observe judicieusement M. Thiébaut de Berneaud

(dans sa *Bibliothèque physico-économique*, novembre
1826, page 353) : « Nous avons à déplorer, aux plus
» beaux jours du printemps et de l'automne, les tristes
» événemens auxquels donne lieu l'usage intempestif
» de Champignons douteux.

» L'ouvrage que M. le docteur Cordier vient tout ré-
» cemment de publier sur cette matière, ne remplit pas
» davantage le but que l'on doit se proposer, d'offrir au
» public *un Traité simple qui ne permette aucune mé-*
» *prise de la part de la première personne qui le con-*
» *sultera, et qui, à des descriptions exactes, claires et*
» *précises, joigne, pour l'exemple et la solution de*
» *toute difficulté, de toute incertitude, le dessin colorié*
» *et fait d'après nature, des espèces que l'on veut com-*
» *parer, et dont on désire consulter l'histoire ; chacune*
» *de ces espèces, placées sur le sol où elles se plaisent,*
» *ne devant laisser aucune hésitation à celui qui l'exa-*
» *minera.* »

Tel est le vœu déjà émis par l'Académie royale des
sciences, tel est le conseil transmis par l'organe de l'un
de ses membres, le célèbre Palisot de Beauvois, et tel
est le plan que j'ai cru devoir adopter. Ai-je réussi, c'est
ce que l'avenir me prouvera.

L'impitoyable mort a frappé M. Palisot de Beauvois
au moment de terminer un Manuel à l'usage des amateurs de Champignons, dont seulement il décrivait
vingt-quatre espèces. M. Thiébaut de Berneaud, pos-
sesseur de ce Mémoire inédit, que l'académicien avait
lu à l'Institut, voulut bien me communiquer cette es-
quisse, où, dans les moindres détails, on reconnaît le
génie observateur de ce savant, qui s'exprime en ces
termes :

« La classe des sciences physiques et mathématiques
» de l'Institut gémit avec la généralité des hommes de
» toutes les nations, des malheurs et des accidens réi-
» térés dont sont remplies, chaque année, les feuilles
» hebdomadaires des diverses contrées de l'Europe, et
» tous les véritables philantropes dont les sentimens et
» les vues sont dirigés vers le bonheur de l'humanité,
» désirent depuis long-temps un ouvrage propre à éclai-
» rer les citoyens de toutes les classes, et à la portée de
» tous. »

Le Manuel que j'offre au public, en raison de la mo-
dicité de son prix, pourra être entre les mains de tous
les habitans des campagnes, des dames bienfaisantes des
châteaux, de MM. les maires et curés de village qu'on
va souvent consulter lorsqu'il arrive des accidens. Les
tableaux exposés dans les appartemens frapperont les
regards des enfans qui se familiariseront avec les formes
et la couleur des Champignons bons à manger, et de
ceux qu'on doit rejeter.

Ce traité renferme des descriptions simples, claires
et concises; des dessins soignés et exacts, rehaussés par
un coloris fidèle qui permet de distinguer les nuances
propres à faire éviter toute méprise, et à ne laisser aucune équivoque sur l'espèce de Champignon dont on
cherche le nom. Ces conditions étant remplies, ce Manuel conviendra, sans contredit, à tous ceux qui habitent la campagne et aiment à chercher des Champignons,
toujours en se rappelant que Palisot de Beauvois devait
leur dire dans son traité : « Vous pouvez manger avec
» toute assurance de tous les Champignons désignés
» *comestibles*; mais gardez-vous de tous autres, et pour
» peu que vous ayez des doutes, faites le sacrifice de

» votre désir à la conservation de votre santé, et peut-
» être de vos jours. »

En effet, les journaux, je le répète, fourmillent de récits d'accidens funestes occasionés par les Champignons, malgré les savans travaux de botanistes philantropes et de médecins également dévoués au soulagement de l'humanité. Le public incorrigible oublie les dangers de la veille pour se livrer sans crainte à sa trop grande sensualité.

Il est vrai qu'on n'aime point à compulser des ouvrages de sciences, et à pâlir sur les synonymies [1] pour arriver au choix d'une description qui, quoique très-exacte pour un botaniste, est souvent inintelligible pour le vulgaire. Et d'ailleurs comment trouver dans plus de

[1] D'après la confusion des synonymies, où chaque auteur veut donner un nom, on appréciera l'avantage inappréciable de dessins exacts sur les descriptions les mieux faites, puisque les plus célèbres cryptologues ont répété ou croisé leurs épithètes.

« C'est ainsi, dit Paulet, que l'obscurité et les difficultés augmentent dans une science, par un changement abusif des termes et de leur signification. L'*Hydnum*, sous le nom qu'employait Théophraste pour désigner la Truffe, a reçu de nos jours une toute autre acception. *Helvella*, d'après Cicéron, signifie *Oronge*, et, d'après Linné, *Morille*. Ces synonymies sont des dédales où le plus routinier se perd, s'il n'a pas de figures pour décider son jugement. Par exemple, l'Agaric annulaire de Bulliard, l'*Agaricus annularius*, Bull., est l'*A. congregatus* de Bolt., l'*A. stipitis* de Sowerby, l'*A. mellens* de la Flore danoise, l'*A. polymices* de Persoon, l'*Hypophyllum polymices* de Paulet.

» L'*Agaric annulaire* de Roques (Pl. ix) a le pédicule garni de filamens aranéeux, au lieu d'un collier, ce qui le porte dans la classe des *Cortinaires*, et non dans celle des *Lepiotes*.

» L'Agaric annulaire d'Orfila (Pl. viii) est encore un autre Champignon ; c'est l'*Agaricus mutabilis* de Schœff., l'*Agaricus caudicinus* de Persoon, vulgairement *Tête de Méduse* de Paulet.

» Comment se reconnaître au milieu d'une pareille confusion ? Un dessin exact peut seul faire cesser toute incertitude. »

mille articles l'individu dont on cherche le nom? *Un livre trop savant ne peut devenir usuel.* Les excellens traités sur cette matière, des Vaillant, Dillen, Botley, Micheli, Persoon, Paulet, Roques, Cordier, etc., sont, dira-t-on, accompagnés de planches plus ou moins bien exécutées; mais ces ouvrages ne sont pas exclusivement consacrés à décrire les espèces alimentaires et nuisibles. On trouve aussi l'histoire d'une foule d'espèces qui, sans être bonnes à manger, ne seraient peut-être pas nuisibles, ou pourraient offrir des caractères suspects. D'ailleurs les ouvrages de sciences, souvent écrits dans une langue étrangère, sont destinés aux savans, et ne peuvent convenir à la majorité des hommes. Les planches coloriées, exécutées dans un temps reculé, où l'art, moins perfectionné, n'avait pu trouver le moyen de fixer invariablement les couleurs, sont défectueuses et n'offrent plus le coloris frais de la nature; leur prix, d'ailleurs, en est trop élevé. Il existe encore d'autres inconvéniens. Certains auteurs, en donnant l'histoire de beaucoup d'espèces, ont fourni peu de figures, ou d'une dimension si petite, que la parfaite exécution en était presque impossible. Il fallait donc trouver un juste milieu et offrir un livre simple et intelligible, accompagné de dessins exacts, coloriés sur le vivant, et surtout de grandeur naturelle, ce qui est d'un précieux avantage pour éviter toute méprise de la part de ceux dont l'œil, peu exercé en peinture, examine souvent sans voir, à moins que la ressemblance ne soit frappante.

C'est d'après ces considérations que j'ai le plus souvent dessiné sur place, chaque espèce en position naturelle, droite ou inclinée, et sur le sol qui lui convient; mais pour diminuer considérablement les dépenses en faveur de l'acheteur, et n'en pas faire une spéculation de librairie, j'ai imaginé d'établir des groupes nombreux, et cependant très-distincts, et où j'ai pu représenter en dix tableaux, deux cent vingt Champignons, tandis qu'il eût fallu autant de planches que d'espèces, ce qui ne remplissait pas le but que je me suis proposé, de consacrer ce travail à toutes les classes de la société, et de le rendre, pour ainsi dire, *populaire*, par son prix modéré.

§ II.

Des Champignons.

Les Champignons, par leur forme, leur organisation, leur décomposition et leur régénération, offrent à l'observateur une étude curieuse, et au gourmet un mets délicat, succulent et aphrodisiaque. On en trouve dans tous les pays sur les vieux troncs d'arbres, sur leurs branches vermoulues, sur les feuilles, et même au sein de la terre comme la truffe.

Les Champignons végètent sur les pelouses, dans les prairies, dans les bois et dans les lieux humides. Il est à remarquer, en général, que les Champignons des bois ne viennent pas dans les plaines, ni ceux-ci sur les arbres. Les espèces les plus volumineuses viennent sur les troncs d'arbres vivans ou morts. Les uns, comme les Amanites (pl. 1re, fig. A A), ont une coiffe ou *volva* qui enveloppe le champignon naissant, et se déchire par l'effet de son accroissement, et d'autres, comme les Agarics (pl. 1re, fig. B), en sont dépourvus. Les uns fixent les regards par une couleur éclatante, comme *l'Oronge vraie*, etc., et une agréable odeur; d'autres

on
n-
é-
s,
s.
sé,
té,
ix

n,
b-
ets
ns
rs
in

les
est
ois
ar-
les
les
lva
par
les
ns
me
res

CLASSIFICATION DES CHAMPIGNONS

INDIQUÉS DANS CET OUVRAGE.

		GENRES.	CARACTÈRES DISTINCTIFS.
1re classe. Champignons ayant un chapeau, soit sessile, soit pédiculé, séminales attachées à la surface extérieure.	**I.** Membranes séminifères disposées en lames ou feuillets. *Ex.*	Agarics. Ag.	Chapeau garni de lames ou feuillets à sa face inférieure, détaché de volva ou pourvu de volva.
	En tubes ou pores. *Ex.*	Bolets.	Chapeau pédiculé, garni de pores ou tubes capillaires à sa surface inférieure.
	En rides saillantes. *Ex.*	Mérules.	Chapeau garni de rides qui remplacent les feuillets; pédiculé ou s'attachant sur le côté.
	En nervures. *Ex.*	Cantharelles.	Chapeau pédiculé, garni en dessous de nervures ou de plis rameux et unis.
	En pointes. *Ex.*	Hydnes.	Chapeau pédiculé horizontal ou cyathiforme, souvent hérissé de pointes, et toujours à la surface inférieure.
	Expansion non pulpeuse. *Ex.*	Hérissons.	Expansion fongueuse, en masse ovoïde, presque sessile, pendante, hérissée de pointes nombreuses et pendantes.
	En réseaux cellulaires. *Ex.*	Morilles.	Chapeau pédiculé, ovale, non percé au sommet, mais garni de réseaux cellulaires anastomosés.
	II. Membrane séminifère, lisse et non pulpeuse.	Pézizes.	Fongus en forme de coupe; graines recouvrant la partie supérieure; point de chapeau; surface unie, cotonneuse ou granuleuse.
		Trémelles.	Expansion gélatineuse de forme irrégulière; graines répandues sur toute la surface; point de chapeau.
		Clavaires.	Expansion fongueuse pédiculée, allongée, nue, simple ou rameuse; graines répandues sur toute la superficie, hors le pédicule; sans chapeau.
		Helvelles.	Chapeau pédiculé ou sessile, membraneux, transparent, ou de deux côtés, plissé, lobé ou difforme; sémences à la surface inférieure.
	III. Membrane séminifère enduite d'une pulpe liquide.	Satyre.	Chapeau pédiculé, percé à son sommet pour le passage des spérules, couvert de rides en réseaux, ayant à sa base un volva.
		Clathre.	Expansion fongueuse, volvacée, arrondie ou oblongue, sessile ou pédiculée, divisée en lanières anastomosées en forme de grillage.
2e classe. Champignons n'ayant point de chapeau bien distinct, séminales contenues dans un réceptacle commun fermé dans le jeune âge.		Vesse-Loup.	Expansion fongueuse, arrondie, d'abord charnue et ferme, se convertissant en une bourse pleine de poussière.
		Truffe.	Plante souterraine, tuberculeuse à l'intérieur, compacte, charnue, marbrée ou veinée, et ne contenant jamais de poussière.

IND

GENRES.

	Amanites. Ag.	Ch
	Bolets.	Ch
	Mérules.	Ch
	Chanterelles.	Ch
	Hydnes.	Ch
1ᵉʳ ordre.	Hurchia.	Ex
Champignons ayant	Morilles.	Ch
peau, soit sessile,		
diculé ; séminul	Pézize.	Fo
chées à la surfa	Trémelle.	Ex
rieure.	Clavaire.	Ex |icule ;
	Helvelle.	Ch	; infé-
	Satyre.	Ch
	Clathre.	Ex |lage.
11ᵉ ordre.		
Champignons n'aya	Vesse-Loup.	Ex
de chapeau bien		
séminules conten		
un réceptacle com	Truffe.	Pla
mé dans le jeune		

éloignent notre main incertaine par une couleur sombre
et suspecte, par une odeur nauséabonde ou infecte. Les
uns croissent seuls, les autres par touffes; ceux-ci servent
d'aliment au pauvre dans certains pays, et ceux-là peuvent lui donner la mort; leur tissu est mou, humide ou
dur et coriace; on en trouve qui laissent épancher un suc
laiteux ou de couleur jaune; il en est qui, étant écrasés,
fournissent un liquide de la couleur du sang; les uns ont
une saveur insipide ou douce; d'autres sont amers, nau-
séeux et d'un goût poivré.

§ III.

Mode de reproduction des Champignons.

Les plantes de cette famille n'ont point de feuilles, ni
d'organes apparens de la génération, ni de fleurs distinctes; il paraît qu'ils se reproduisent au moyen d'une
poussière fécondante dispersée à l'extérieur, ou renfer-
mée dans leur substance, ou entre leurs lames du dessus.

§ IV.

Division des Familles.

(Voyez le tableau ci-joint de ma classification.)

§ V.

Organisation des Champignons.

Les Champignons offrent des variétés à l'infini dans
leurs formes, leur consistance ou leur couleur. Tantôt
on les rencontre sous la forme de petits tubercules, tan-

tôt sous celle de petits filamens délicats, quelquefois on les observe articulés ou ramifiés ; le plus souvent sous celle de parasols convexes, ou concaves en dessus et au centre ; tandis que le dessous se distingue et se compose de lames rayonnantes, de tubes, de stries, etc.

La partie supérieure du Champignon s'appelle *chapeau*, et le pied qui la soutient, *stipe* ou *pédicule*.

On trouve des Champignons entièrement cachés, avant leur développement, dans une espèce de *bourse* ou coiffe qui se déchire irrégulièrement par les efforts expansifs de la végétation, et qu'on appelle *volva* (pl. 1re, fig. A).

Souvent la face inférieure du chapeau est recouverte d'une membrane qui s'attache à sa circonférence, et qui, lorsqu'elle vient à se rompre, forme, autour du pédicule, une espèce de collier ou d'anneau (pl. 1re, fig. O).

Les organes de la reproduction, ou *sporules*, sont placés dans les Champignons, comme nous l'avons déjà observé, soit à l'intérieur (dans les Vesse-Loups), soit entre les lames, en forme de poussière (dans les Agarics), ou dans des tubes (dans les Bolets), etc.

Il est à remarquer, dit Richard, que jamais la substance des Champignons n'est verte à l'intérieur, caractère qui les distingue spécialement des Algues, dans lesquelles cette couleur est presque générale.

Les Champignons sont *terrestres souterrains*, c'est-à-dire qu'ils croissent sous terre comme les truffes, ou *parasites*, c'est-à-dire croissant sur des arbres, sur des feuilles ou des plantes.

La *consistance* en est gélatineuse, charnue, fongueuse ou subéreuse.

Les *organes de la reproduction* offrent à l'œil des *lames* ou *feuillets* (Agarics), des *tubes* ou *pores* (Bolets).

des pointes (Hydnes), des nervures (Mérules), qui contiennent les sporules ou graines séminifères.

La *forme du chapeau* est hémisphérique (c'est la plus commune), ou en parasol, en coupe, en éteignoir, en entonnoir, en cône arrondi, comme dans les *Morilles*; en mitre, comme dans les *Helvelles*; à chapeau gélatineux renfermant des sporules qui se trouvent en dessus par le renversement du chapeau; en *croûte étalée*, comme dans les Auriculaires (Pezizes), etc.

Il y a des espèces coriaces qui sont sessiles et augmentent progressivement d'une couche par année (Amadouviers).

Dans les Clavaires et les Pezizes, espèces qui sont dépourvues de chapeau, la fructification se reconnaît à la face supérieure et à la couleur de l'*hymenium*, qui se rehausse en couleur à la maturité des graines.

Le *carcyte*, ou blanc de Champignon, prend aussi le nom de *sporules* et de *gongyles* ou semences prolifères.

Une des propriétés particulières des Bolets est, après avoir été cassés, et leur chair étant primitivement blanche, de passer, après le contact de l'air, au rouge, jaune, vert ou bleu.

§ VI.

Analyse chimique des Champignons.

Les Champignons renferment, d'après le docteur Letellier :

1°. Beaucoup d'eau.

2°. Une substance qui fait leur base, leur donne leur forme et leur consistance, regardée par Vauquelin comme une modification du principe ligneux, et dont Braconnot fait un corps particulier qu'il appelle *Fungine*. On l'obtient en traitant le Champignon par une eau alcaline, ou par l'eau, puis par l'éther ; elle présente divers caractères, suivant les espèces : elle est tantôt dure, cassante, ligneuse, et formant la presque totalité des parties solides du Champignon, comme dans les Polypores sessiles ; tantôt molle et fort peu abondante, comme dans les Agarics déliquescens; ordinairement blanchâtre; elle est contenue dans les aréoles du tissu cellulaire. Cette fungine est azotée, car elle donne de l'ammoniaque pur par la distillation. Elle n'est attaquable que par les acides nitrique et hydrochlorique, et par les alcalis concentrés.

3°. De la bassorine au lieu de fungine, ce qui est rare.

4°. De l'albumine concrescible par la chaleur et l'alcohol.

5°. Une matière grasse et huileuse.

6°. Une matière azotée insoluble dans l'alcohol.

7°. Une matière azotée soluble dans l'alcohol, et comparée par Vauquelin à l'osmazome.

8°. Du sucre soluble dans l'alcohol, cristallisable et susceptible de fermenter.

9°. Un acide nommé *fungique* par Braconnot, libre et combiné à de la potasse.

10°. De la gélatine, ce dont doute Vauquelin.

11°. De la cire, que le même chimiste n'a pas trouvée.

12°. Des résines.

13°. Des acides acétique, benzoïque, etc., qui sont rares.

14°. Des sels à base de potasse ou de chaux.

15°. Un principe âcre facilement détruit par la dessiccation, l'ébullition, la macération dans les acides faibles, l'alcohol et les alcalis. En effet, si l'on soumet à la distillation les Champignons qui le contiennent, on obtient d'abord une eau d'une odeur très-marquée, mais d'un goût fade et sans âcreté ; puis l'odeur, d'abord peu désagréable, devient de plus en plus empyreumatique, toujours sans âcreté, et ce qui reste dans la cornue a entièrement perdu sa saveur.

Si l'on met dans l'acide acétique, l'alcohol, la potasse en solution, des morceaux de ces Champignons, vingt-quatre heures suffisent pour détruire entièrement leur saveur, et les premiers liquides évaporés spontanément laissent à peine quelques atômes d'une substance inerte ; tandis que la macération pendant plusieurs jours dans l'eau pure, ou la trituration et le lavage, répétés jusqu'à quatre fois, ne peuvent enlever cette âcreté.

16°. *Le principe délétère.* Cette substance n'est point affaiblie par la dessiccation ni par l'ébullition, et elle n'est décomposée ni précipitée par les acides, les alcalis faibles, l'acétate de plomb, l'infusion de noix de galle. Soluble dans l'eau et dans tous les liquides qui en contiennent, insoluble dans l'éther, quoi qu'aient dit tous les auteurs, elle ne paraît pas susceptible de se cristalliser, et par conséquent d'être isolée des matières colorantes et des sels à base de potasse ou de soude. Elle ne manifeste sa présence ni par de l'odeur ni par de la saveur, résiste à une température bien supérieure à celle de l'eau bouillante, et forme avec les acides des sels cristallisables.

Cette substance délétère, selon Letellier, devrait être

appelée *Amanitine*, parce qu'elle se rencontre plus particulièrement dans la classe des Amanites.

Les Champignons contenant beaucoup d'azote, se rapprochent du règne animal.

Suivant le docteur Paulet, les espèces délétères doivent leur action vénéneuse à un principe résineux très-âcre, dont l'alcohol et les acides s'emparent.

Le célèbre Vauquelin, au contraire, pense que les qualités nuisibles des Champignons résident spécialement dans une matière grasse ou huileuse. On trouve ce principe surtout dans l'*Amanite bulbeuse* et la *fausse Oronge*; ce qu'il y a de certain, dit le docteur Roques, c'est que Parmentier ayant soumis à l'analyse le Champignon de couche et un Champignon vénéneux, a trouvé dans l'un et l'autre à peu près les mêmes principes; d'où il conclut qu'il est impossible, par l'analyse chimique, de distinguer les espèces nuisibles des espèces alimentaires.

C'est ici que l'histoire naturelle des Champignons, aidée de leurs portraits fidèlement rendus, doit nous servir de guide pour nous préserver d'une fatale méprise.

§ VII.

Propriétés des Champignons.

Beaucoup de Champignons servent d'aliment à l'homme; une plus grande quantité sont ou *suspects*, parce qu'ils n'ont point été suffisamment éprouvés, ou offrent des poisons subtils; un petit nombre est recherché comme médicament, et quelques-uns seulement pour les arts , c'est-à-dire par les amadouviers et les teinturiers.

Quelques médecins prescrivent encore dans les affections de l'organe pulmonaire le Bolet odorant à la dose , chaque jour, de vingt-quatre grains à trois gros en forme d'électuaire. L'*Agaricus muscarius* , en poudre, au rapport de Wisling , guérit des ulcères scrophuleux. Il agit probablement comme détersif. Sa vertu caustique est telle , qu'il peut servir à épiler.

Sous les rapports des arts et de la teinture , le Bolet obtus fournit une couleur brune ; le Bolet sulfurin un assez beau jaune ; la Trémelle mésentérique une couleur violette et un bistre rougeâtre solide ; l'Agaric vineux a encore produit cette dernière teinte. Certains Champignons fournissent de l'acide prussique. Le Bolet ongulé est celui qui produit l'amadou.

Les anciens indiquaient les espèces alimentaires , sans distinguer ni faire connaitre les espèces qui leur ressemblent ; d'autres ont signalé les espèces nuisibles, sans prouver par aucun fait cette vertu délétère qui devait les exclure de l'art culinaire ; le docteur Paulet seul entreprit cette tàche difficile , mais la bizarrerie de sa nomenclature, les dessins souvent créés par son génie , ne permettent pas d'adopter aveuglément sa théorie : n'indiquant aucune synonymie , comment reconnaitre les espèces dont il donne l'histoire sous les noms de *Mamelonnes*, *Langues de chêne*, *Poule couveuse*, *Oignon de loup*, *Peigne de loup* , et autres dénominations non moins singulières.

« C'est à tort, dit le docteur Roques, que des naturalistes et des médecins ont refusé aux Champignons des qualités nutritives ; ils contiennent , outre l'albumine, base essentielle des substances alimentaires , une matière sucrée, de la gomme et un principe aromatique qui flatte agréablement le goût dans les assaisonnemens. »

Pour prouver combien les espèces comestibles contiennent de substance nutritive, il suffira de rappeler l'expérience récente du docteur Letellier, qui n'a pris, pendant trente-six heures, que dix onces d'*Agaric élevé* (pl. 3, fig. A), d'*Agaric en fuseau* (pl. 2) et de Bolet hépatique (pl. 3, fig. P), et de l'eau, en observant qu'au bout de ce temps son appétit n'avait rien d'extraordinaire, et qu'il n'était point faible. Il paraît que c'est l'albumine selon Vauquelin, et la fungine selon Letellier, qui contiennent la partie alimentaire.

« Une autre erreur, continue l'auteur de la *Phytographie médicale*, qu'on trouve dans plusieurs ouvrages de médecine et d'histoire naturelle, c'est que les Russes et les Polonais mangent indistinctement tous les Champignons des bois. Dans la Pologne russe les paysans font, à la vérité, un grand usage de ces plantes qui leur servent de principale nourriture, en attendant que la récolte des grains soit faite ; mais ils ont soin d'éviter les espèces délétères qui sont très-nombreuses dans ce pays. Tous les accidens produits par les Champignons n'y sont pas rares, surtout parmi le peuple. »

§ VIII.

Action des Champignons sur l'économie.

Quelques espèces, dit Letellier, peuvent être mangées crues. Une plus grande quantité serait indigeste, et nécessite la coction. D'autres pourraient servir à la nourriture, mais n'ont rien d'agréable pour les sens. Certains répugnent par une odeur désagréable, par une saveur piquante, ou par la dureté de leur tissu. D'autres espèces étant mangées crues seraient vénéneuses, tandis que leur principe âcre qui produit à la dégustation un certain picotement, et une ardeur brûlante à la gorge, étant détruit par la chaleur, et soumis à une coction prolongée, elles peuvent servir d'aliment sans avoir rien à en redouter. D'autres irritent le canal intestinal par une résine âcre et indestructible.

Un petit nombre contient un principe délétère que ne manifestent ni le goût, ni l'odeur, et causant souvent la mort quand on ne peut parvenir à en arrêter les accidens.

Souvent à côté d'une espèce comestible, se trouve une espèce meurtrière, quoiqu'avec les mêmes caractères botaniques. Il n'est donc qu'un dessin qui puisse faire éviter toute méprise.

Mécanisme de l'irritation.

Si les Champignons, dit Letellier, sont durs ou coriaces, ils agacent la membrane muqueuse de l'estomac, et le pylore leur refusant passage, ils sont rejetés par le vomissement.

Si on a mangé crus, même les bons, ils pèsent sur l'estomac, ils provoquent une salive abondante, des nausées et quelquefois le vomissement. Il ne faut pas s'alarmer si l'on connaît l'espèce, ces accidens se dissipent d'eux-mêmes en quelques heures. Il suffit de boire de l'eau alcoholisée. Si l'on vomit, il faut prendre seulement de l'eau tiède, sans autre excitant.

Les Champignons vénéneux qui agissent par un principe âcre, fugace ou résineux, sont les plus dangereux.

Ils déterminent une gastro-entérite aigüe, signalée par des douleurs à l'épigastre ; une soif insupportable et qu'on ne peut calmer, âcreté au fond de la gorge ; pouls dur et fréquent ; peau halitueuse, vomissemens et selles fréquentes.

Il paraît que ces principes agissent uniquement par leur contact sur le canal digestif. S'ils agissent par le principe délétère, les symptômes sont effrayans. La morne sécurité du malade et des assistans est du plus fâcheux augure. Il y a irritation des intestins, mais les défaillances, les convulsions, le délire sont dus à l'absorption.

Le docteur Letellier cite dans sa thèse des expériences qu'il a faites en faveur de l'absorption sur des Grenouilles. La substance délétère étant injectée à forte dose dans le tissu cellulaire du dos, toujours l'animal paraissait tranquille pendant les dix premières minutes, puis il semblait gêné, s'agitait, et de vingt-cinq à trente-cinq minutes, survenaient des convulsions violentes semblables à celles que détermine l'opium chez les mêmes reptiles, interrompues également d'affaissement ; la mort arrivait de demi-heure à une heure. Ce tissu cellulaire n'était même pas rose, et la rapidité de la mort ne laissait aucune trace de congestions sanguines à dose plus faible. L'injection ne déterminait que la stupeur, l'engourdissement, et quelquefois les convulsions.

Il paraît que le principe délétère des Champignons a beaucoup de rapport avec l'opium, puisque, d'après Pallas, les Russes se procurent une ivresse accompagnée de coma ou de délire furieux avec la fausse Oronge ; excepté pourtant que la fungine de ce Champignon donne un extrait narcotico-âcre.

TABLEAU DES ESPÈCES DÉCRITES
DANS CET OUVRAGE.

TABLEAUES

Dans le cas d'un empoisonnement par cette substance on emploie au début les vomitifs, ou s'il y a trismus ou roideur tétanique des mâchoires, on agace avec une plume l'arrière-bouche pour provoquer le vomissement, ou l'on donne un lavement de tabac. Au bout de cinq heures, lavemens laxatifs; viennent ensuite les évacuans, et jamais avant des acides, de l'éther, l'alcohol et du sel.

§ IX.

Division de l'ouvrage.

J'ai cru devoir partager l'ouvrage en trois sections. La première renferme les Champignons comestibles qu'on peut manger avec toute sécurité. J'ai dû passer en revue les différentes familles des Amanites à volva, les Agarics sans volva, les Bolets, Helvelles, Clavaires, etc.

La deuxième division renferme les espèces suspectes, c'est-à-dire sur lesquelles on n'a pas de renseignemens suffisans pour les admettre comme alimentaires, c'est pourquoi il est prudent de s'en abstenir.

La troisième division donne l'histoire des Champignons décidément vénéneux, et dont la moindre partie peut occasioner des accidens funestes, et même une mort horrible au milieu de souffrances insupportables. (Voyez le tableau ci-joint.)

§ X.

Sommaire de chaque article.

J'indique premièrement le nom botanique du Champignon.

2°. Sa synonymie latine.

3°. Les noms vulgaires des différens pays.

4°. Ses caractères botaniques, descriptifs, pris d'après *la famille*; le port et l'élévation ; la nature du pédicule ; la forme de sa base ; celle du chapeau ; sa surface ; sa couleur ; la couleur des lames ou feuillets ; leur direction ; leur division ; leur disposition par rapport au pédicule, c'est-à-dire égales ou inégales, adhérentes ou décurrentes ; enfin le terrain qui lui convient, ou si le Champignon se trouve sur des bois vivans ou morts , sur des feuilles sèches et tombées ou pourries, ou sur du fumier.

5°. Sa description plus détaillée.

6°. Enfin sa qualité *comestible*, *suspecte* ou *véneneuse*.

Par exemple :

Le Champignon peut avoir trois ou quatre pouces, ou plus de quatre pouces d'élévation.

Le pédicule peut être de la grosseur d'une plume ou plus gros.

La base peut être bulbeuse ou non bulbeuse.

Il peut être court ou long , épais ou grêle , plein ou creux.

Le volva peut être complet, ou incomplet , ou nul.

Le chapeau peut être hémisphérique , aplati ou déprimé , à surface lisse ou rugueuse, sec ou humide et luisante.

Épaisseur. Peu de chair, ou chair compacte ; *diamètre* de deux à quatre pouces.

Couleur blanche , ou de diverses couleurs, verte, noire , etc.

Au développement en vieillissant.

Suc nul ou laiteux, sanguin , ou jaunâtre, ou noir.

Lames blanches , rouges , roses , carmélites , brunes ,

noires, vertes, etc.; égales ou inégales, adhérentes ou décurrentes.

Odeur nulle, suave ou fétide, ou nauséabonde.

Terrain fort, sableux, sec ou humide.

Végétation sur terre, sur les prairies, sur les vieux bois, les feuilles tombées ou le fumier. *Saison* : été ou automne.

Propriétés : comestible, suspect ou *vénéneux.*

Le docteur Paulet donne une suite de caractères hiéroglyphiques pour signaler un Champignon.

1°. De bonne qualité.

2°. Non malfaisant.

3°. Pouvant nuire ou contracter vertu malfaisante.

4°. De qualité suspecte ou malfaisante.

5°. Qui nuit ou incommode évidemment.

6°. Qui est encore plus nuisible.

7°. Qui met en danger de mort.

8°. Qui est mortel.

9°. Qui n'est pas propre à être mangé sans avoir rien de vénéneux.

10°. Qu'on ne mange pas, mais qui peut nuire si l'on en fait usage.

Comme il y a des doubles emplois dans cette classification, il me semble qu'il est plus simple et plus clair de dire comestible, suspect, vénéneux.

§ XI.

Culture des Champignons.

Je ne crois point m'écarter de mon but en traçant succinctement le mode de culture des Champignons. «Les anciens, dit Paulet, en obtenaient artificiellement en couvrant de fumier une souche de figuier qu'on arrosait souvent, et qui en produisait au bout de quelques jours d'une espèce peu bonne à manger. » C'est le procédé indiqué par *Ménandre. Tarentius*, au contraire, conseillait de délayer du levain dans l'eau chaude, pour le répandre sur des souches de peuplier noir, ou de peuplier blanc.

On parvient plus sûrement au but qu'on se propose, en cueillant, un peu avant leur maturité, les espèces que l'on veut propager, et en les dépeçant sur des couches, ou plutôt en détachant leur pédicule, et plaçant à plat le chapeau sur les couches du côté des lames d'où se détachent les sporules ou graines séminifères.

Thore reproduit l'Agaric Palomet et le Bolet comestible, en arrosant un bosquet planté en chênes avec l'eau dans laquelle ont bouilli ces Champignons délicats.

§ XII.

Récolte et conservation des Champignons comestibles.

Il suffit d'enfiler les espèces que l'on veut conserver de manière à ce que les couches ne se touchent pas. On les fait ensuite sécher dans un endroit chaud. Il faut qu'ils aient été cueillis par un temps sec. Quand on veut les manger, on les fait revenir dans l'eau, le lait, ou le bouillon, et on les assaisonne avec de l'ail, du sel, du poivre, un jus de citron et des aromates.

De cette manière, on en fait un grand usage en Russie, en Hongrie, en Pologne, en Italie, en Toscane, dans l'Inde, en Chine et en Afrique, où les Champignons sont la nourriture des pauvres gens. En France,

il s'en consomme également une très-grande quantité,
dans les Vosges, la Lorraine, la Bourgogne et le Dauphiné. Cependant, pris à l'excès, ils développent des
accidens, parce qu'ils sont difficiles à digérer, et que
leur assimilation se fait lentement.

Il faut cueillir les Champignons le matin, par un
temps sec, et les couper, plutôt que les arracher,
afin d'éviter le sable ; ils doivent être recueillis avant
leur entier développement, car plus tard ils sont moins
faciles à digérer.

Pour conserver les Truffes, on les fait sécher à l'ombre
sur des claies ; quelquefois on les fait bouillir pendant
quelques minutes avec de l'eau et du sel, pour les dessécher ensuite. On les conserve aussi dans du vinaigre,
avec du sel, du poivre et de l'ail. On prépare surtout
ainsi les Clavaires, après les avoir blanchies à l'eau bouillante. En Italie, on conserve l'Oronge dans l'huile ;
mais étant desséchées, elles n'ont plus le même parfum.

§ XIII.

*Moyen de séparer le principe délétère des Champignons
comestibles employés trop tard après leur développement.*

Le docteur Paulet croit qu'on peut corriger la qualité
vénéneuse du Champignon avec de l'eau de chaux ou de
l'eau salée qui, comme on le sait, ont la propriété de
corriger l'amertume de certains fruits, comme l'olive, etc.

Cette action d'astriction et d'acrimonie pouvant être
détruite par la chaleur, la plupart des Champignons

peuvent servir après une coction prolongée, et nourrir
sans le moindre danger.

Comme c'est dans la partie où se forment les bourgeons
séminiformes, les lames ou les tubes de la partie inférieure,
que réside le principe vénéneux des Champignons, on
peut, selon Bosc, rendre tous les Agarics et les Bolets
salubres, en leur enlevant cette partie qui, en général,
se détache très-facilement. C'est ce qu'on pratique dans
beaucoup de lieux, et ce qu'on y appelle *faire le foin*,
en comparant cette opération à celle analogue qui a lieu
sur les artichauts.

J'ai déjà dit, mais je répète encore que les Champignons, même ceux comestibles, deviennent dangereux
lorsqu'ils sont vieux, ou par la nature du lieu où ils
croissent, ou par le suc dont ils se nourrissent, ou enfin
par le voisinage de ceux qui se pourrissent, ou de ceux
qui sont par hasard empoisonnés. C'est pourquoi les
mêmes Champignons ne sont pas funestes dans tous les
pays. Les Russes mangent les Champignons les plus vénéneux, même ceux, dit Valmont Bomare, dont on se
sert pour tuer les mouches ; mais ils ont la précaution de
les faire d'abord macérer dans du vinaigre, qui détruit
le principe délétère et le dissout, ou de les faire bouillir
dans de l'eau, pour obtenir le même résultat ; puis ils
les font égoutter et les pressent dans un linge qui en absorbe l'humidité superflue. On conçoit qu'en pareil état
le meilleur Champignon ne serait plus propre à flatter le
palais de nos gourmets. Eh bien ! ces moyens sont le plus
souvent insuffisans pour neutraliser ou absorber le principe délétère, car ces pauvres gens éprouvent souvent
une espèce d'ivresse douloureuse, accompagnée d'anxiétés

précordiales, qui annoncent une digestion lente et laborieuse.

§ XIV.

De la préparation culinaire des Champignons comestibles.

On mange quelquefois crus les Champignons de couche, l'Agaric élevé, la Clavaire corail, le Bolet comestible et l'Agaric-Lactaire doré des friches, surtout en Lorraine.

Pour les faire frire :

On doit enlever aux Bolets et à beaucoup d'Agaries leur épiderme, leur stipe, s'il est coriace, et les feuilles et les tubes, surtout s'ils sont trop avancés en maturité.

On doit rejeter ceux qui sont fanés sur pied et ceux attaqués par les vers.

Il est bon de les mettre macérer pendant quelques heures.

On les mange : 1°. Sur le gril, et on les assaisonne de sel, de poivre et d'un peu de beurre frais.

2°. On les fait cuire aussi avec beurre ou huile, sel, poivre, fines herbes ; sur le plat avec chapelure.

D'après Paulet :

Champignons en fricassée de poulet. On les coupe par tranche, on les lave, puis on les blanchit à l'eau bouillante ; on les remet à l'eau froide pour les raffermir ; on les essuie ; on les roule dans du beurre chaud pour les faire revenir ; on ajoute persil, poivre, sel et quatre épices ; on ajoute une liaison avec des jaunes d'œuf ou de la crème, et deux tranches de citron sans écorce.

Croûte aux Champignons. C'est le même procédé, en y

ajoutant une croûte de pain chapelé et vidé de sa mie, et sans être rôtie.

OEufs aux Champignons. Les Champignons étant cuits dans du bouillon, on les passe à l'étamine ou à la presse pour en extraire le jus qu'on bat avec des œufs, au nombre de cinq pour une livre de jus ; on fait prendre au bain-marie dans des petits pots. On les prépare au maigre en substituant du lait au bouillon.

Champignons en matelote. On achève de cuire les Champignons dans la sauce d'une matelote.

Tourte aux Champignons. On couvre de beurre le fond d'une tourtière, et l'on pose dessus une couche de mie de pain très-fine, puis une couche de Champignons dont on a ôté la peau et les stipes; puis une couche de beurre ; on ajoute poivre, sel, fines herbes, etc., puis une mie de pain, nouveaux Champignons, etc., jusqu'à trois lits. On couvre la tourtière de son couvercle ou four de campagne : il ne faut qu'une seconde cuisson. On sert dans la tourtière.

On met des Champignons de couche dans les salmis, gibelottes, vols-au-vent, etc.

Oronge à la provençale. On la dépouille de sa peau et de son stipe ; on la fait cuire renversée sur un plat, sa cavité garnie de fines herbes, de mie de pain, d'ail, de poivre, de sel et des hachures de la tige ; on arrose avec l'huile d'olive.

L'*Oreille de chardon* (Ag. Eryngii.) est très-estimée des Provençaux en fricassée de poulet.

Chanterelle (Merul. Canth.). Pour la ramollir, on la met cuire dans l'eau ; on n'en ôte rien ; on la coupe par morceaux qu'on fait revenir dans du bouillon ; on la fricasse ensuite avec du persil, du poivre, du sel, etc.

Beaucoup de personnes préfèrent la Chanterelle cuite à la graisse ou au bouillon parce qu'elle est alors moins coriace. Elle a besoin de beaucoup de bouillon.

Bolets.

Bolet foie de bœuf. Préparation préalable des Champignons. Ou cuit sous la cendre, et coupé par tranches avec une liaison, ou en fricassée de poulet. Il lui faut de l'assaisonnement pour détruire sa grande viscosité ; mais point de vinaigre qui nuit à la qualité de la sauce : il échauffe, mais ne nuit jamais.

En Autriche on le coupe par tranches et on le mange en salade, ou on le fait cuire avec du veau en y ajoutant de la crême et du suc de citron.

Hydnes. (Erinaces.)

Comme le Champignon de couche (je ne m'y frotterai plus).

Hydne, Linné. — Hydne Hérisson.

Clavaires.

Ou les fait revenir dans du beurre pour les ramollir; on jette l'eau qu'elles ont rendue, et on les remet sur le feu avec beurre, persil, ciboule, etc. ; on les remue et on les saupoudre, dit Paulet, d'une pincée de farine; on les mouille avec du bouillon ; et après une heure de cuisson on ajoute une liaison de jaunes d'œuf.

D'autres remplacent le beurre par du lard dessus et dessous, et du bouillon, en ajoutant sel, gros poivre, persil et un morceau de jambon. Après une heure de cuisson on les met dans un sauce faite avec du coulis ou en fricassée de poulet ; on a soin de couvrir la casserole avec du papier, afin d'en retenir le parfum, de les conserver blanches et d'empêcher la sauce de s'épaissir.

Morilles.

On les brosse, on les lave et on les bat dans plusieurs eaux d'une casserole à l'autre ; on les égoutte et on les met dans une casserole avec beurre, gros poivre, sel, persil et un morceau de jambon. Il faut les humecter souvent avec du bouillon : une heure de cuisson suffit. Alors on ajoute une liaison d'œufs ou de crême. On les sert seuls ou sur une croûte de pain rissolée et imbibée de beurre.

Morilles à la crême. On ajoute aux moyens ci-dessus quelques pincées de farine et de la crême, et on les sert avec des croûtes de pain. Ce mets est, dit-on, aphrodisiaque.

Morilles à l'italienne. Après les avoir lavées, battues et laissé égoutter, on les divise et on les met sur le feu avec bouquet de fines herbes, persil, ciboule, cerfeuil, pimprenelle, estragon, civette, sel et un demi-verre d'huile. On leur faite rendre leur eau, ensuite on ajoute persil haché, blanc de ciboule et échalottes, puis farine et bouillon, et un demi-verre de vin de Champagne. On les laisse mijotter, et on les sert avec du jus de citron et des croûtes de pain.

Morilles en hatelets. Même préparation pour leur faire rendre leur eau ; on ajoute du beurre, de l'huile, du sel, du poivre, du persil, de la ciboule hachée et des

échalottes : ainsi marinées on les embroche avec de petites brochettes , et on les fait griller après les avoir pa-
nées. On les arrose avec leur sauce.

Morilles farcies. Les fraîches et blondes sont les meilleures : on les ouvre par le haut après les avoir lavées et
battues, on les garnit d'une farce fine, poulet, sar-
dines, écrevisses, etc. ; on les fait cuire entre deux
bardes de lard. (Paulet.)

Truffes.

L'huile, associée au vin, rend l'assaisonnement parfait : on coupe les Truffes ; on ajoute sel , poivre, an-
chois et petits oignons. Il faut une heure de cuisson ; on
peut ajouter un peu de bouillon.

Truffes à la maréchale. Grosses Truffes bien brossées
et bien lavées ; ajoutez sel et gros poivre ; enveloppez
de plusieurs morceaux de papier, et mettez dans une
marmite couverte de cendres chaudes où vous les laisse-
rez pendant une heure pour les servir ensuite.

Truffes à l'italienne. Truffes moyennes et épeluchées
et coupées par tranches dans la casserole avec un peu
d'huile, de sel , de poivre, de persil , de ciboule , d'é-
chalottes hachées et deux gousses d'ail piquées d'un clou
de girofle; laissez mariner, et mettez sur cendres chaudes ; égouttez et ajoutez de bon bouillon ou du vin blanc,
une croûte de pain beurrée et marinée dans la farine ;
faites bouillir , dégraissez , et servez les Truffes avec un
jus de citron. La sauce doit être perlée. (Paulet.)

Truffes à la Périgord. On les cuit dans le vin après
les avoir bien assaisonnées , ou on les met cuire sous la
cendre pour les fricasser ensuite; on les fait cuire aussi

à la vapeur d'un vin aromatisé pour les servir sur une serviette.

On en farcit les volailles, et, infusées dans du lait, elles lui communiquent leur saveur.

Champignons desséchés. Lorsqu'on veut s'en servir, il faut leur rendre leur souplesse ; on emploie à cet effet le lait pour les Chanterelles et les Clavaires, et l'eau pour les Agarics, les Morilles et les Bolets.

Moutarde à Champignons. On prépare en Italie, selon Sterbeck, une sauce fort renommée pour les Champignons, et qu'on y appelle *Moutarde blanche* ; on la regarde comme le meilleur condiment et le plus sûr correctif.

On la confectionne en prenant des amandes pelées qu'on pile dans un mortier avec un peu d'eau ; on y ajoute de l'ail, du gros poivre concassé, de l'huile d'olive et du jus de citron ; on donne au tout une consistance de moutarde qu'on sert avec les Champignons cuits.

§ XV.

Opinion des différens peuples en faveur de l'usage des Champignons comestibles.

On ne peut déterminer, suivant Paulet, l'époque où les hommes ont fait usage pour la première fois de Champignons ; ce qu'il y a de certain, c'est que les bêtes fauves et celles à cornes les recherchent avec avidité. On a introduit leur usage alimentaire lorsque des circonstances particulières ou le besoin y ont forcé les hommes. Les Toscans sont les premiers peuples de l'Europe qui aient employé de ces plantes très-communes en leur

pays, et qu'il a fallu recueillir comme aliment du ca-
rême. Les Russes, pour la même cause, ont introduit
chez eux ce mets de pénitence : les peuples des environs
de l'ancienne Babylone, les Africains, les Chinois font
un usage journalier de Champignons et de Truffes.

Les peuples qui se nourrissent de Champignons une partie de l'année évitent tout danger en laissant macérer, je
le répète encore, les Champignons douteux dans l'eau salée
qu'on renouvelle, ou dans du vinaigre. Ils jettent de suite
les liquides qui se sont emparés des principes vénéneux des
Champignons, s'ils en contenaient, les essuient et même
les égouttent. De cette manière les Russes mangent sans
accidens toute espèce de Champignons, mais dans l'hiver
et après une parfaite dessiccation. Ils ont un goût salé ou
acide d'après le genre de menstrue où on les a mis macérer, mais ils fournissent à la salive un principe mucilagineux très-agréable. Par l'effet d'un instinct conser-
vateur les Russes ajoutent du vinaigre à toutes leurs
préparations culinaires.

Les Kamtschatkales mélangent, dit-on, la fausse
Oronge avec l'Épiploon à feuilles étroites, et obtiennent
une boisson enivrante que les grands du pays aiment
beaucoup : l'urine de ces mêmes personnes porte à l'é-
briété les esclaves qui en boivent.

§ XVI.

*Opinion du vulgaire contre l'usage des Champignons
comestibles.*

Je conçois que lorsqu'on a vu périr des familles entières
pour avoir mangé des Champignons, on ne soit plus tenté

d'en faire sa nourriture. Le sentiment de conservation de son être y met obstacle, et l'on néglige même de remonter à la cause, et de s'assurer si les Champignons étaient bien évidemment comestibles.

On peut refuser toute explication satisfaisante, en se rappelant, par exemple, qu'une femme tomba épileptique pour avoir respiré, pendant quelque temps, les vapeurs des Champignons; qu'une autre fut frappée de la folie pour avoir mangé des Champignons vénéneux : symptômes propres à l'usage inconsidéré de l'Agaric moucheté, etc.

§ XVII.

Caractères physiques des Champignons.

On ne peut, au premier aspect, distinguer les espèces comestibles d'avec celles qui sont nuisibles; car, selon Letellier, on indique comme d'un mauvais présage :

1°. Une *consistance molle?* Et cependant les *Tremelles* sont comestibles et ne peuvent nuire.

2°. Une *consistance ligneuse, subéreuse et coriace?* Ils sont peu recherchés d'après leur contexture; mais ils ne contiennent aucun principe délétère.

3°. Une *odeur forte et désagréable?* Le Bolet du noyer, que l'on mange dans certains pays, a presque asphyxié Bulliard.

4°. Une *saveur désagréable?* Cependant, tous les Agarics à lames égales piquent fortement la langue et le gosier, et l'*Hypodrio-buglossoïdes* a quelquefois une saveur acide détestable.

5°. La *présence d'un lait âcre ?* C'est précisément le

caractère d'une section dont presque toutes les espèces ont été données crues à des animaux sans résultats fâcheux. (Ici le docteur Letellier n'est d'accord avec aucun auteur.)

6°. *L'apparition dans les endroits sombres?* Mais les *Clavaires*, les *Mérules* ne viennent qu'au fond des bois.

7°. *L'accroissement rapide et la prompte dissolution?* Cependant l'*Agaricus typhoïdes*, et presque tous ceux de cette section, sont incapables de faire du mal. (D'après Letellier, il n'y aurait pas de Champignons nuisibles, quoiqu'il ait dit que le *typhoïdes* dispose au scorbut.) Il est certain qu'il est éphémère, ainsi que tous les individus de sa classe, qu'il se dissout spontanément, et tombe en pourriture.

8°. *Les tiges bulbeuses?* C'est précisément ce qu'offrent les Agarics solitaire et élevé, qui sont excellens; ce qui porte à conclure qu'il ne faut pas s'en rapporter aux caractères extérieurs, et qu'il n'y a pas de règle générale.

9°. Les *fragmens de peau collés sur le chapeau?* Vaine crainte! les Agarics solitaire et engaîné en présentent.

10°. La *vacuité du pédicule?* Elle est constante dans l'Agaric couleuvré, le châtain, et l'Helvelle élastique, qu'on recherche pour la table.

11°. La *couleur de la chair?* Plusieurs Bolets comestibles offrent ce phénomène de changer de couleur, lorsqu'ils sont entamés, témoin le délicieux *Bolet orangé*, qui passe au rose tendre.

12°. La *couleur éclatante de la surface?* Aucune espèce n'offre à l'œil de plus brillantes couleurs que l'*Oronge vraie* et le *Bolet orangé*, dont on n'a jamais été incommodé.

Cependant, le Mérule orangé et le Mérule Chanterelle sont tous deux d'un jaune vif. Le premier est un poison, et le second est comestible.

13°. La *couleur jaune soufrée ou jaune vif?* On n'a pas désigné comme dangereux l'*Agaricus sulfureus*, et beaucoup d'Agarics à lames égales sont d'un rouge vif.

14°. La *présence d'un volva?* Il y a des exceptions.

15°. La *présence d'un collier?* Cependant les meilleures espèces comestibles en sont pourvues. Exemple : l'*Agaric comestible*, l'*Agaric couleuvré*, l'*Agaric solitaire*, et l'*Agaric orangé*, etc.

Sous les rapports de l'odeur, il n'y a rien de plus équivoque.

16°. La *Croix-de-Malte*, espèce vénéneuse, a l'odeur du *Champignon de couche*, ainsi que la *fausse Oronge*.

17°. Est-ce la *présence d'un collier?* Cependant la fausse Oronge et l'Agaric bulbeux en sont pourvus.

18°. *N'a-t-on rien à craindre de ceux qui croissent dans les lieux découverts?* Pourtant les Agarics mouchetés et du printemps y viennent.

19°. *La présence des vers et limaces doit-elle engager ou repousser?* Par un temps de pluie, ces insectes attaquent indistinctement les espèces les plus meurtrières, comme on le voit sur l'Agaric bifide, l'Agaric sanguin, etc.

Conclusion. Il est donc évident que les caractères physiques sont infidèles, et que la chimie n'offre pas plus de ressources. Il faut donc consulter l'expérience et surtout les figures.

§ XVIII.

Règles générales, mais avec quelques exceptions.

On ne peut apprécier, à la première vue, la qualité d'un Champignon que l'on rencontre, sans consulter les caractères botaniques, et faire intervenir les sens du goût et de l'odorat. Ces sens guident jusqu'à un certain point dans les recherches, et l'on en a une preuve par les animaux qui recherchent les Champignons pour leur nourriture, et ne s'empoisonnent que très-rarement. En général le Champignon qui flatte le goût et l'odorat, est rarement vénéneux, mais on doit l'éviter s'il a une odeur nauséabonde et fétide, et s'il a une saveur amère, astringente, styptique, ou laisse un goût désagréable qui se développe quelque temps après l'avoir goûté.

C'est à tort qu'on annonce comme innocentes dans leurs résultats les espèces suivantes : l'Hydne de Normandie (qui m'a empoisonné); l'Agaric âcre, l'Agaric engaîné, l'Agaric rougeâtre, et tant d'autres, même quand ils ont subi une coction. Cependant le Bolet orangé, le Bolet rude, le Bolet hépatique, quoique d'une saveur acide, se mangent sans inconvénient.

On a cru pouvoir indiquer pour *couleurs rassurantes*, le jaune pur ou doré, le bleuâtre ou pâle, le brun mat ou le bistre, le rouge vineux ou le violet, qu'on prétend appartenir à des Champignons alimentaires. Néanmoins il ne faudrait pas prononcer d'après une seule inspection. L'expérience avant tout.

On regarde aussi comme *couleurs suspectes*, le jaune pâle ou soufre, le rouge vif ou sanguin, le verdâtre.

Une contexture rassurante est celle qui est compacte, cassante, blanche, provenant d'une végétation dans des lieux découverts, sur des friches, des prairies sèches, tandis qu'on qualifie de *contexture suspecte* la chair molle et aqueuse d'un Champignon croissant dans les cavernes et les souterrains, ou sur des matières animales en putréfaction.

On estime que les Champignons à collets sont rarement vénéneux.

On croit pouvoir prononcer aussi qu'un stipe, ou pédicule creux, appartient à une classe suspecte, tandis que les Champignons comestibles ont en général le pédicule plein.

Il en est de même du chapeau qui est le plus souvent visqueux dans les espèces vénéneuses, et sec dans celles comestibles.

Mais encore une fois il n'y a pas de règle générale et sans exception, comme on pourra s'en convaincre dans le cours de cet ouvrage, en se rappelant toujours de ne jamais manger d'un Champignon inconnu sans en avoir vérifié et constaté la qualité, d'après les planches et la description.

§ XIX.

Examen qu'on doit faire d'un Champignon destiné à la nourriture.

AVIS IMPORTANS.

Parmi les moyens proposés pour s'assurer de la nocuité ou de l'innocuité des Champignons, on conseille de faire bouillir, avec les espèces suspectes et qu'on veut éprouver, quelques morceaux de jonc ou une cuiller d'argent. S'ils sont nuisibles à l'homme, la moelle du jonc et la cuiller deviennent, dit-on, de couleur noirâtre; mais s'ils sont bons, ces objets ne changent pas de couleur. D'autres prétendent que les oignons blancs, qu'on a employés pour cette expérience, deviennent bleuâtres. Mais ces moyens sont insuffisans, et l'on sait que plusieurs légumes ont la propriété de noircir l'eau par leur principe sulfureux ou par la présence du fer, tels que les artichauts, les asperges, etc.

MOYENS PRÉSERVATIFS.

Un moyen plus sûr à employer, lorsqu'on veut s'assurer de la qualité du Champignon que l'on éprouve, c'est de se rappeler :

1°. Qu'en général on doit se méfier des Champignons à pédicule bulbeux à la base, et de ceux à tige grêle; de ceux qui viennent à l'ombre et dans les endroits humides des bois où ils sont privés de l'oxigène de l'atmosphère, et n'absorbent que le gaz azote ou air méphytique.

2°. Que les Champignons, même ceux reconnus comestibles, peuvent devenir suspects, d'après la durée du développement du chapeau par un temps trop froid, ou s'ils sont trop vieux et cueillis trop tard, ou piqués de vers.

Il faut les choisir au moment, ou peu après leur parfait développement, mais non avant, afin d'éviter toute méprise qui serait funeste.

3°. D'après la nature des lieux où ils croissent, les Champignons sont propres à la nourriture.

4°. Par le voisinage des espèces délétères qui entrent en décomposition auprès d'eux.

5°. Qu'il faut en général s'abstenir des Champignons mous, compactes, spongieux ou cotonneux, parce qu'ils sont d'une très-difficile digestion ; ou au moins en user modérément, et éviter tout excès en ce genre. Les meilleurs Champignons produisent des accidens très-graves quand on en mange trop, ou si l'estomac est mal disposé. Lrs vénéneux, à la plus petite dose, produisent des accidens mortels, et nous répéterons avec Gilibest « qu'en général les Champignons les plus délicats » procurent un aliment de difficile digestion et très-mal- » sain, et qu'ils peuvent, étant pris intérieurement, » devenir des poisons terribles dans un certain temps » de leur développement. » Dans le cas de l'embarras de l'estomac, il faut recourir de suite aux acides, immédiatement après les évacuans.

6°. Que dans tous les cas la prudence exige qu'on lave toute espèce de Champignons, afin de les nettoyer et de les débarrasser des œufs d'insectes qui s'y trouvent le plus souvent sous forme de larves et de vers de différens âges, parce que ces insectes, par une admirable prévoyance du Créateur, y trouvent et leur nourriture et leur sûreté contre leurs ennemis.

7°. Qu'en cas de moindre doute sur la nature du Champignon inconnu, il faut le rejeter, à moins d'avoir reconnu son identité parfaite après l'avoir comparé avec la description du texte et les figures coloriées, ou au moins le faire bouillir dans plusieurs eaux, ou le mettre macérer dans du vinaigre ou quelque liqueur spiritueuse qui le dissolve, en se saturant du principe vénéneux.

8°. Que presque tous les Champignons à suc laiteux contiennent un principe plus ou moins âcre qui compromet toujours les fonctions digestives.

9°. Qu'il est faux de dire qu'un Champignon qui se pèle facilement n'est pas vénéneux.

10°. Que tout Champignon dont la couleur change après être écrasé est pernicieux, surtout s'il donne un suc visqueux qui noircit la lame d'un couteau sans altérer la couleur du papier bleu.

11°. Que la sensation âcre et brûlante qu'occasione la mastication d'un Champignon cru que l'on veut éprouver, est un signe certain de son principe vénéneux.

12°. Que souvent même un Champignon insipide à la langue peut néanmoins renfermer un poison mortel.

13°. Qu'un Champignon attaqué et rongé par les limaces n'en est pas moins vénéneux, ce qui fait mentir le proverbe, *qu'on peut manger impunément les espèces attaquées par les insectes*.

14°. Qu'il est plus prudent de ne pas manger certains Champignons comestibles accommodés de la veille, ou même depuis plusieurs heures, quel que soit le vase dans lequel ils aient été conservés. Palisot de Beauvois cite à cet égard l'empoisonnement d'un jardinier très-instruit, qui ne laisse aucun doute sur le danger que l'on court en mangeant de ce mets réchauffé.

15°. Que tel Champignon vénéneux ne diffère du comestible que par la couleur générale ou partielle, ou par des caractères minutieux à examiner, et qui paraissent même insignifians. Par exemple, dans l'*Oronge vraie* (pl. 1, fig. 1re), espèce exquise à manger, les lames sont jaunes, tandis que dans la fausse Oronge

(Agaric moucheté), le plus dangereux des Champignons, les lames sont blanches (pl. 7, fig. H).

16°. On peut rendre les Champignons douteux ou suspects bons à manger, en leur enlevant les lames ou les tubes où réside le principe vénéneux, et en les frottant avec du vinaigre.

17°. Que les bornes de cet ouvrage destiné à être entre les mains du public ne nous permettant pas de donner un long catalogue scientifique, nous nous sommes contenté d'indiquer positivement les espèces les plus connues, et qui se rencontrent journellement sous nos pas. Nous recommandons avec instance *de ne manger que les espèces de la classe des comestibles ; de s'abstenir soigneusement des espèces de la classe des suspects, et d'éviter sous peine de mort, les Champignons indiqués comme vénéneux.*

§ XX.

Des symptômes de l'empoisonnement par les Champignons.

Dans la nature on trouve toujours le bien à côté du mal, et la mort en présence de la vie. Les mêmes champs fournissent des plantes alimentaires et des plantes vénéneuses.

Quoi de plus effrayant et de plus digne de pitié que la souffrance d'un être prêt à succomber à l'usage d'un Champignon vénéneux ! Un feu cuisant déchire ses entrailles ; bientôt tous ses organes sont atteints et ne laissent plus de repos à cet être infortuné qui appelle la mort à grands cris : les vomissemens excessifs qui le déchirent, l'oppression qui le suffoque, la tension de l'estomac et du bas-ventre qui lui donnent de justes inquiétudes; les tranchées qui viennent à paraître, augmentent les anxiétés, la soif ardente qui le consume et lui fait désirer de respirer un air glacé; la cardialgie douloureuse qui annonce l'érosion des tuniques villeuses de l'estomac, la dyssenterie, celle des membranes muqueuses des intestins; de fréquens évanouissemens avant-coureurs de plus grands dangers, un hoquet fatigant, redoutable et sinistre, enfin un tremblement général, la gangrène et la mort : voilà les tourmens qu'éprouve celui qui meurt empoisonné par les Champignons.

Cet empoisonnement pouvant être produit par des principes narcotiques ou irritans, voici les symptômes qui se développent dans l'un et l'autre cas.

Symptômes du narcotisme. Stupeur, engourdissemens accompagnés de pandiculations; paupières enflées, œil hagard, ouvert, saillant, ou le regard morne; le visage et les lèvres bleuâtres ou gonflés; envie de dormir insurmontable; membres tremblans et convulsifs; inspiration courte et fréquente; pouls irrégulier; glossite, haleine fade et aigre; trismus de la mâchoire; ventre tendu et rétracté vers l'ombilic; carus profond, etc.

Symptômes d'irritation. Stupeur, engourdissement, abattement subit, agitation violente et trouble dans les fonctions, causant des convulsions continues ou alternatives; crampes dans tous les membres; sueurs fugaces ou frisson; *rigor* à la périphérie et surtout aux membres; langue rouge et sèche; hoquet; nausées, maux de gorge; soif ardente et restriction; vomissemens répétés; douleurs aiguës de l'estomac et des intestins; évacuations alvines abondantes, sanguinolentes, noirâtres, avec coliques et ténesme; pouls petit et fréquent; bientôt la douleur cesse, un calme sinistre se laisse observer, le pouls devient intermittent, la respiration inhaléneuse; bientôt des frissons, une sueur froide annoncent la gangrène et la mort.

Parmi les observations faites par des médecins dignes de foi, on remarque que la poussière qui s'échappe à la moindre pression de la Vesse-Loup est tellement astringente qu'elle occasione des ophtalmies graves.

On peut citer aussi la fatale expérience faite en faveur de l'absorption, dans laquelle un Agaric moucheté ayant été tenu pendant une heure dans une main chaude qui le comprimait, a excité des convulsions qui ont été sur le point de priver de la vie l'expérimentateur.

L'empoisonnement, produit par les poisons âcres, phlegmasiques, détermine à la première *période* une irritation modérée, à la deuxième *période* une irritation vive, enfin à la troisième *période* l'asthénie ou la faiblesse.

§ XXI.

Traitemens de l'empoisonnement produit par les Champignons vénéneux.

En indiquant dans cet ouvrage les Champignons qu'on peut manger sans aucun danger, et en donnant leur figure exacte, nous signalons avec le même soin les espèces délétères qu'il est dangereux, ou pour le moins très-imprudent de préparer comme aliment, malgré une épuration convenable. Comme nous devons, plus que tout autre, nous méfier de prétendus antidotes dont l'emploi, sans succès, peut faire perdre un temps précieux et causer la mort du malade, nous ne craignons pas d'avancer qu'en pareille occurrence, et le danger étant éminent, on ne doit point hésiter d'appeler un homme de l'art, tant l'application intempestive des moyens, même ceux avoués par la médecine, tels que le lait, l'huile, le vinaigre, l'éther, l'ammoniaque liquide, etc., tant cette application intempestive, dis-je, peut être fatale dans des mains inexercées. Il n'est donc qu'un homme de l'art qui puisse diriger un semblable traitement parce qu'il doit savoir apprécier les symptômes de l'empoisonnement et la nature de l'agent vénéneux [1].

L'empoisonnement par les Champignons étant reconnu par l'inflammation des premières voies, des anxiétés, des défaillances, des syncopes, des vomissemens, le dévoiement, le *cholera morbus*, un assoupissement profond, voisin du *carus*, annonçant un danger imminent, s'il n'y a pas d'évacuation naturelle, on doit en conclure que plus les évacuations sont naturelles, fréquentes et répétées, moins il y a de danger pour le malade, qui, je le répète, est prêt à succomber, si l'assoupissement est profond et qu'il y ait défaut d'évacuations.

D'après tous ces symptômes, il est évident qu'il faut recourir aux évacuans, qu'on administre en raison des symptômes et de la situation du malade. Parmi les moyens indiqués pour combattre l'empoisonnement, les vomitifs

---

[1] Le troisième volume de ma *Flore pittoresque et médicale des Antilles* donnant pour sommaire l'histoire des végétaux vénéneux et le traitement à opposer à l'action des plantes délétères, j'y renvoie le lecteur.

ont la précellence, surtout l'*Eméto-cathartique* que prescrit le docteur Paulet, et que voici :

Prenez : tartre stibié (émétique), un grain ; sel de Glaubert, deux gros. Faites dissoudre dans une demi-bouteille d'eau que l'on prend en trois fois à demi-heure de distance.

Si l'on ne pouvait se procurer d'émétique, on se contenterait de dissoudre une poignée de sel dans un verre d'eau.

Dans le cas où le vomissement ne pourrait pas être provoqué, on aurait recours à une action mécanique, en plongeant le doigt index au fond de la gorge, ou en chatouillant cette partie avec les barbes d'une plume huilée.

On peut aussi exciter le vomissement, qui est indispensable, en faisant fumer la personne, si elle n'y est pas accoutumée. En général le succès du traitement dépend de l'application prompte des moyens curatifs.

En cas d'une simple incommodité pour en avoir mangé, le vinaigre ou un verre d'eau salée débarrassent, surtout si le malade éprouve des envies de vomir.

Dans le second temps du traitement, après les évacuations qui sont indispensables, il est nécessaire de calmer les douleurs et l'irritation du tube intestinal, par des mucilagineux associés aux fortifians et aux antispasmodiques, tels que l'eau de riz gommée, une infusion de fleur de sureau coupée avec le lait, l'eau de fleur d'orange, l'eau de menthe simple et un sirop.

Quelquefois on doit recourir aux émulsions, aux potions huileuses aromatisées avec le sirop d'éther. Dans certains cas il faut employer les toniques, les potions

camphrées. En cas de tension du bas-ventre on applique
sur l'abdomen des fomentations émollientes. On fait
prendre au malade un bain général. Si l'inflammation
du bas-ventre est manifeste, il faut, sans plus tarder,
recourir à la saignée; mais ce dernier moyen ne peut
être prescrit que par un homme de l'art, et la vie du
malade dépend de l'emploi fait à propos des médicamens.

On prescrit aussi, après s'être assurée de l'expulsion
des Champignons, des savonneux, des adoucissans comme
le lait, et à l'extérieur des cataplasmes de même nature.
Les huiles, les substances mucilagineuses adoucissent
aussi l'érosion et l'inflammation des membranes muqueuses de l'estomac et des intestins.

L'éther et les acides qui dissolvent et s'emparent du
principe vénéneux, funestes par conséquent avant le vomissement, conviennent en cas de poisons stupéfians,
mais toujours après avoir fait rendre par le vomissement
les matières vénéneuses. Les lavemens n'ont pas besoin
d'être purgatifs; l'action stimulante des Champignons
suffit seule pour les expulser. En général, il faut user
modérément de lavemens pour ne point irriter à l'excès
la membrane muqueuse du rectum, siége d'une inflammation intense, ou l'on peut s'attendre au développement de squirrhes, de fissures, enfin à un ulcère can-
céreux qui fait horriblement souffrir le malade.

En Italie, on fait grand cas, comme correctif après la
période inflammatoire, de la *mostarda bianca*, espèce
de moutarde préparée avec le jus de citron.

On indique aussi, dans le *Dictionnaire des Sciences
médicales*, un élixir ainsi composé : Prenez aloës succo-
trin, une once deux gros ; myrrhe pulvérisée, une once

et demie ; résine Gayac , une once deux gros ; faites digérer ces substances dans une pinte d'eau-de-vie. On agite
tous les jours les bouteilles pendant une quinzaine. On
décante et on mêle les liqueurs ensemble. On prend un
verre à liqueur de cet élixir, dès qu'on ressent la moindre incommodité après avoir mangé des Champignons ;
et chaque fois que l'on vomit on en reprend la moitié de
la dose.

Ambroise Paré recommande , afin de se soustraire à
l'effet délétère des Champignons, de les faire cuire avec
poires sauvages ou même poires domestiques àpres ; les
feuilles et l'écorce, selon lui, remplissent le même but ;
« car le vrai contrepoison du Champignon , dit-il , c'est
» le Poirier. Leur Bezahar, dit-il plus bas, c'est l'ail
» mangé tout cru. »

Je ne sais si ces moyens peuvent convenir ; mais rien
ne m'a mieux réussi, après avoir fait rejeter par le vomissement les portions de Champignons vénéneux , que l'opium
qui est le plus sûr et le plus prompt des alexitè-
res , surtout quand l'empoisonnement est récent.

Le meilleur antidote des mauvais Champignons est
une infusion de feuilles de menthe édulcorée avec le
sirop de guimauve ; on ajoute vingt-quatre gouttes de
laudanum par demi-tasse, ou une cuillerée à café de
sirop de morphine.

En cas de pouls faible , visage pâle , respiration courte
et région de l'épigastre distendue , on doit , dit le docteur Roques, donner un émétique. Si l'affection coma-
teuse se prolonge, on prescrit une potion stimulante
éthérée et un lavement composé de six grains d'émétique et de six gros de sulfate de soude. On applique des

sinapismes, on pratique des frictions avec l'alcohol camphré et alcalisé. La potion particulière, que l'on prend par cuillerée, consiste en deux onces d'eau de menthe, deux onces d'acétate d'ammoniaque, et une once de sirop de limon. S'il s'établit une diarrhée, il faut se garder de l'arrêter ; mais il faut avoir soin de calmer l'irritation du tube intestinal par des boissons et lavemens mucilagineux.

Le docteur Roques a observé les bons effets de l'administration de l'esprit de *mendererus* (acétate d'ammoniaque), dans les empoisonnemens par les végétaux, accompagnés d'abattement et de prostration de forces. Les principes de ce médicament doivent ranimer l'action vitale, et combattre puissamment le narcotisme. S'il y a suffocation, il convient d'administrer une infusion de mélisse nitrée et édulcorée avec le sirop de morphine.

Dans la convalescence, on permet quelques alimens doux, des fécules bouillies, des panades, des œufs, un lait de poule, etc., et pour boisson du vin rougi ; mais en cas de prostration de forces, on doit faire usage des amers, des toniques, tels que le quinquina, la cascarille, la racine de colombo, etc.

Résumé du traitement. 1°. Provoquer l'expulsion du Champignon vénéneux par un vomitif, si l'empoisonnement est récent, et qu'on soupçonne le principe délétère encore dans l'estomac. Si une partie a passé dans l'intestin, il faut au contraire recourir aux purgatifs minoratifs, aux lavemens de même nature, faits avec l'eau de casse ou de mercuriale, les feuilles de pêcher, et l'addition d'un sel neutre, et d'une cuillerée d'huile de ricin.

2°. Faire usage de boissons adoucissantes, et de lavemens gommeux et opiacés, ou d'une forte décoction de têtes de pavot.

3°. Ne recourir aux acides et à l'eau vinaigrée (oxicrat), que dans le cas où il n'y aurait plus de symptômes d'irritation.

4°. S'il survenait un assoupissement profond, qu'on appelle *narcotisme*, donnez au malade une forte infusion excitante, telle que celle du café, l'éther sulfurique, l'acétate d'ammoniaque, etc.

Il eût été possible d'augmenter le nombre des espèces que j'ai décrites, mais l'ouvrage eût été plus compliqué, plus volumineux, et d'un prix beaucoup plus élevé; d'ailleurs les espèces que j'aurais pu ajouter se rencontrent rarement, ou en raison de leur petitesse, de leur ténuité, comme comestibles, ne peuvent donner lieu à aucune méprise.

Pourquoi également indiquer des caractères douteux d'espèces comestibles ou malfaisantes? C'est encore embarrasser le lecteur. En effet, ni le goût, ni l'odorat, ni la couleur, ni la contexture compacte et cassante d'un Champignon, ne doivent rassurer sur sa vertu bénigne ou malfaisante. *Une description et des figures coloriées, exactes, l'exposé d'expériences faites sur les propriétés, tel est le but que je me suis proposé.*

« Le devoir de l'homme, dit le docteur Roques, d'a-
» près Sénèque, est d'être utile aux hommes; mais ce
» devoir est surtout imposé à celui qui se livre à l'étude
» des sciences. Éclairer ses semblables, les faire jouir
» du fruit de ses veilles, soulager leurs maux, les pré-
» munir contre tout ce qui peut compromettre leur exis-

» tence, est-il une gloire plus douce, une jouissance
» plus pure?.. Les honneurs, les dignités passent, et
» ne sont qu'une vaine fumée aux yeux de la philoso-
» phie; mais on conserve le souvenir des services rendus
» à l'humanité. »

CHAMPIGNONS

COMESTIBLES, SUSPECTS ET VÉNÉNEUX.

PREMIÈRE PARTIE.

CHAMPIGNONS COMESTIBLES.

I. AMANITES. *Définition*. L'Amanite diffère de l'Agaric par la présence d'une enveloppe, bourse, ou volva; son pédicule est plus ou moins renflé à sa base; le dessous de son chapeau est garni de feuillets ou lames rayonnantes.

Caractères génériques. Champignons munis d'une coiffe qui les enveloppe en entier dans leur jeunesse, et laisse quelquefois des lambeaux sur le chapeau.

1. AMANITE ORONGE. (Pl. 1.) Amanita aurantiaca, Persoon. — Hypophyllum cæsareum, Paulet.

Noms vulgaires. Oronge vraie, Jazeran, Dorade,

Jaune d'œuf ; Cadran , Irandja (Cordier) ; Campairol ,
etc. , etc. (Roques); en italien , *Vovolo*.

Caractères distinctifs. Port. Droit et de six pouces
d'élévation. *Pédicule.* Jaune en dehors , blanc en dedans ; lisse , long de cinq à six pouces ; plein , bulbeux ,
pourvu d'un anneau rouge , large , renversé. *Volve* ou
coiffe. Enveloppant complètement ce Champignon dans
sa jeunesse. Sa couleur blanche donne à la plante nais-
sante la figure d'un œuf. Plus tard , cette coiffe se déchire pour livrer passage au Champignon , et reste complète à la partie inférieure du pédicule qu'elle entoure.
Chapeau. Presque plane , orbiculaire , d'une belle couleur orangée , large de quatre à six pouces , et dont les
bords striés se roulent quelquefois en dessous. La superficie n'est ni visqueuse , ni marquée de verrues , comme
dans la funeste *Oronge fausse.* (Voyez troisième partie.)
Lames ou feuillets. Larges , épais , inégaux , sinués ,
jaunâtres , adhérens à la chair , mais non au pédicule.
Odeur. Agréable. *Saveur.* Exquise. *Terrain.* Sableux.
Végétation. Croît en été et en automne dans les forêts ,
surtout dans les bois de pins. *Propriétés.* L'Oronge
vraie est un manger exquis , (Voyez , dans le Discours
préliminaire [1], la manière de la préparer.) C'est , sans
contredit , le meilleur et le plus délicat des Champignons. Juvénal , selon le docteur Roques , parle de l'O-
ronge vraie comme d'un mets recherché que les riches
faisaient placer devant eux , tandis qu'on servait de mau-

---

[1] Le Discours préliminaire , formant un corps de doctrine pour tout
l'ouvrage et étant très-détaillé , ne paraîtra qu'à la troisième livraison.

vais Champignons aux parasites qu'ils admettaient à leur table.

Observation très-importante. « Ce Champignon, dit Palisot-Beauvois, que les amateurs des pays méridionaux de la France, où cette espèce abonde, regardent comme le plus délicieux, varie beaucoup dans ses dimensions, et comme il a beaucoup de ressemblance avec un des plus dangereux et des plus abondans dans tous les bois, il est important de donner une description comparative des deux espèces, afin de prévenir une méprise qui serait funeste.

ORONGE VRAIE.	ORONGE FAUSSE. (Pl. vii.)
Volva complet, persistant.	Volva fugace incomplet, ne laissant que des lambeaux écailleux sur la base tuberculeuse du support.
Haut du support en collerette, feuillets ou lames jaunâtres.	Support, collerette, feuillets ou lames d'un blanc de lait.
Chapeau brun ou jaune orangé, marqué à ses bords de petites stries nombreuses.	Chapeau d'un beau rouge, presque toujours moucheté par de petites écailles qui sont les débris du volva et sans cannelures ni stries.
Chair jaunâtre comme les feuillets.	Chair blanche.
Parfum agréable.	Odeur nauséeuse.

Encore bien que les caractères tranchans de ces deux espèces servent à les faire reconnaître, on conviendra que rien ne peut remplacer une figure exacte.

Il paraît que l'*Amanite césarée* n'est qu'une variété de l'Oronge vraie, dont elle ne diffère que par les cannelures de la superficie du chapeau.

ii. **Amanite bulbeuse**. (Pl. 3, fig. H.) Amanita alba, Persoon. Agaricus ovoïdes, Bulliard. Hypophyllum cucullatum, Paulet.

Noms vulgaires. Oronge blanche, Champignon blanc ou Coucoumelle blanche, Héraut; Coquemelle, Paulet.

Caractères distinctifs. *Port*. Cette espèce ne diffère de l'Oronge vraie que par sa couleur blanche dans toutes ses parties. *Pédicule*. Non bulbeux, ou à peine renflé à sa base. *Volva*. Volve complet persistant et pourvu d'un anneau. *Chapeau*. Non strié sur les bords, comme dans l'Oronge; point de vestiges du volva. *Surface*. Poudreuse ou lisse, suivant l'état de l'atmosphère. *Couleur*. Blanche dans toutes ses parties. *Lames*. Etroites. *Odeur*. Celle de l'Agaric comestible. *Végétation*. Dans les forêts de chêne; espèce commune dans le Midi. *Saison*. En été et en automne. *Propriétés*. Champignon très-délicat et d'un goût agréable. Il ne faut pas le confondre avec l'*Agaric bulbeux* qui donne la mort.

Nota. Ce Champignon est d'un blanc grisâtre ou d'un gris brun, surtout au centre de son chapeau; le pédicule est épais, plus ou moins écailleux; il est plein, blanchâtre, chargé d'un collet membraneux qui se rabat en manière de peignoir. Ce pédicule soutient un chapeau large, convexe, formant le parasol, et doublé de lames blanchâtres. Ce Champignon a quelques rapports avec l'*Agaric solitaire*. (Voyez ce mot.)

iii. **Amanite sanguine**. (Pl. 3, fig. E.)

Synonymie. Amanita sanguinea, Agaricus deliciosus,

Lin. — Amanita fulvus, lacte croceo, Hall. (Encycl.
méth., n° 3.) — Lactaires de Persoon.

Noms vulgaires. Agaric délicieux, Agaric sanguin.

Caractères distinctifs. *Pédicule*. Nu, et dont la longueur n'égale pas deux fois le diamètre du chapeau ; cylindrique, long de deux à trois pouces, épais, charnu,
presque plein, jaune ou roussâtre, et souvent tacheté.
Volva. Blanchâtre. *Chapeau*. Orbiculaire, d'abord jaune,
puis fauve, et roux plus ou moins foncé, ou teint de
couleur de brique ; réfléchi sur ses bords, enfoncé dans
son centre, lisse en sa superficie, et quelquefois marqué
de zônes concentriques, jaunâtres, brunes, étroites et
médiocrement apparentes ; de deux à quatre pouces de diamètre. *Lames*. Inégales, plus pâles que le chapeau, pourvues d'une poussière séminale verdâtre. *Suc*. Laiteux,
jaune ou rougeâtre, d'un goût piquant. *Chair*. Devient
rouge lorsqu'on la coupe. *Végétation*. Elle croît en automne dans les lieux couverts et montagneux ; elle est
très-commune dans les environs de Montpellier. *Propriétés*. On regarde cette Amanite comme excellente à
manger, mais ses rapports avec l'*Amanite pernicieuse*
doivent engager à s'en méfier, ou à n'en faire usage qu'a-
vec beaucoup de réserve et après l'avoir fait macérer
dans le vinaigre.

IV. AMANITE INCARNATE. (Pl. 3, fig. F.)

Synonymie. Amanita incarnata, Persoon, 248. —
Amanite calyptrapa (Encycl. méth.). — Agaricus bom-
bycinus, Schœff. tab. 98.

Noms vulgaires. Amanite écarlate, Amanite coiffée.

Caractères distinctifs. Port. Enfermée complètement en naissant dans une peau membraneuse qui se déchire par le milieu et en travers, de manière que ce qui reste sur le chapeau semble le recouvrir d'une coiffe. *Pédicule.* Cylindrique, plein, blanchâtre, à base renflée et muni des lambeaux du volva qui enveloppait le Champignon; glabre, un peu courbé, long de quatre à cinq pouces, et large d'un pouce ou environ. *Volva.* Visqueux, blanc ou jaunâtre. *Chapeau.* Charnu, en cône plus ou moins ouvert, de couleur incarnate, ayant sa partie moyenne couverte d'une peau jaunâtre, ou lambeau du volva; son diamètre est de quatre à six pouces; sa circonférence est nue, velue et blanchâtre. *Lames.* D'abord blanches, puis de couleur de chair, et enfin rougeâtres. *Végétation.* Au pied des arbres, sur un sol gros et sur du bois pourri; il paraît en automne, et il est surtout commun en Allemagne, en Suède et en Italie, où il se mange. Je conseille, néanmoins, de n'en faire usage qu'après l'avoir fait macérer dans du vinaigre.

v. **Amanite rougeâtre.** (Pl. 3, fig. G.)

Synonymie. Amanita rubescens.

Noms vulgaires. Golmelle ou Golmotte vraie (Mense), Cordier, 209.

Caractères distinctifs. Port. Cette Amanite ressemble à l'*Agaric à verrues*, l'un des plus pernicieux Champignons; mais l'Amanite rougeâtre est beaucoup plus grande, d'ailleurs elle est pourvue d'un anneau. *Pédicule*. Bulbeux à la base, et à peu près cylindrique dans le reste ; long de quatre à cinq pouces, le plus souvent fistuleux ; d'un rouge pourpre, plus foncé à la partie inférieure, où se voient à peine quelques vestiges du volva ; couvert, dans sa longueur, de petites peluchures, et pourvu d'un anneau large de la couleur du pédicule, et conservant presque toujours l'empreinte du pédicule. *Chapeau*. D'abord convexe, puis presque plane, d'un rouge fauve peu prononcé, ou d'un rouge pourpre, plus coloré au centre ; large de quatre pouces ; garni de squames aplaties. *Feuillets*. Nombreux, larges, inégaux, non décurrens, d'un blanc éclatant. *Chair*. Cassante, blanche, rougeâtre à sa superficie. *Saveur*. D'abord nulle, puis âcre et comme salée. *Végétation*. L'Amanite rougeâtre croît à terre, dans les parties les plus découvertes des bois ; on la trouve en été et en automne, le plus souvent solitaire. *Propriétés*. Cette espèce est recherchée en Lorraine, où l'on en fait une grande consommation. J'ai trouvé plusieurs fois cette Amanite dans un bois de pins des environs de Rambouillet.

VI. AMANITE SOLITAIRE. (Pl. 3, fig. A.)

Synonymie. Agaric solitaire (*Agaricus solitarius*). Amanita procera, Persoon.

Noms vulgaires. Je ne lui en connais pas.

Caractères distinctifs. *Port*. Ce grand et beau Champignon se rencontre toujours seul ; il est d'une belle forme, mais d'un blanc sale ou bistre. *Pédicule*. Droit, long de six à huit pouces, plein, épais à sa base, garni d'écailles, qui sont les débris de la coiffe incomplète qui l'enveloppait dans sa jeunesse. *Chapeau.* Presque toujours plane, avec un léger enfoncement au milieu ; il a six ou sept pouces de diamètre, et il est parsemé de verrues éparses et proéminentes, qui sont les fragmens de la coiffe. *Feuillets.* Larges, épais, non contigus avec le pédicule sur lequel ils laissent leur marque. La membrane qui les recouvrait se rabat en forme de collier sur le pédicule. *Végétation.* Ce Champignon croît à l'ombre, au mois d'août, dans les bois. *Saveur.* Il a un goût exquis ; on le mange cuit sur le gril, avec du beurre et du sel (De Candolle). Bulliard a, le premier, observé qu'on en trouvait rarement deux dans le même canton.

CHAMPIGNONS COMESTIBLES.

II. Genre AGARIC.

Caractères botaniques. Champignons à pédicule dépourvu de bourse ou de volva, et dont le chapeau porte en dessous des feuillets rayonnans, ordinairement simples, et alternativement plus courts. (Persoon.)

I. Agaric comestible. (Pl. 1re, fig. BB.)

Synonymie. Agaricus edulis, Bull., Persoon. — Agaricus campestris, Linné. *Vulgairement,* Champignon de couche.

Caractères botaniques. Champignon sans volva; pédicule central nu, ou muni d'un collier; lames noircissant après la maturité. (Classe Pratella, Persoon.) *Pédicule.* Blanc, court, charnu, renflé à sa base; pourvu d'un collier provenant de la membrane qui enveloppe le chapeau et s'est déchirée. *Chapeau.* Il paraît comme un bouton blanc, en forme de calotte, lisse, blanche, écailleuse, et mouchetée de jaune, suivant les variétés; s'aplanit en se développant, et devient souvent très-large. *Feuillets.* D'abord d'un rose tendre, puis violets, bruns ou noirs lorsqu'ils ont été soumis au contact de l'air et à l'absorption de l'humidité. *Consistance.* Chair ferme et cassante. *Saveur et odeur.* Agréable et

particulière. *Végétation*. Espèce cultivée sur couche.
Propriétés. Ce Champignon, soumis à la surveillance
de la police sanitaire dans les grandes villes, est vendu
dans tous les marchés après visite, et on en fait une
grande consommation pour réveiller ou plutôt flatter le
palais des gourmets.

Observation. D'après l'analyse du célèbre Vauquelin,
les Champignons contiennent de l'adipocire, de la
graisse, de l'albumine, du sucre, de l'osmazôme, une
substance animale insoluble dans l'alcohol, de la fungine et de l'acétate de potasse.

Quoique les Champignons de couche ne puissent faire
de mal, il faut pourtant apporter quelques soins avant
leur préparation. Pour éviter tout accident, il faut les
cueillir avant leur entier développement; car lorsqu'ils
sont vieux, ou trop avancés, ou entrés en décomposition par l'influence de l'humidité ou de la piqûre des insectes, ils deviennent nuisibles, et peuvent même en-
traîner des accidens mortels.

Les symptômes qui se manifestent lorsque ces Champignons n'ont pas conservé leurs qualités sont : des coliques continuelles, suivies d'évacuations copieuses; de
l'abattement, un spasme universel, etc. Le docteur Roques a combattu avec succès ces accidens, en donnant au
malade une infusion de feuilles de menthe édulcorée avec
le sirop de guimauve. Si les souffrances ne se calment
pas, on ajoute vingt gouttes de *laudanum* de Rousseau
par demi-tassée de l'infusion indiquée. Il paraît évident
que l'opium, au début de l'empoisonnement, et lorsqu'il n'y a pas encore d'inflammation, agit plus sûrement et beaucoup plus promptement que tous les mucilagineux et que tous les adoucissans.

Il ne faut pas confondre l'Agaric comestible avec l'A-
garic printanier à lames blanches, car il est très-vénéneux.

11. Agaric des friches. (Pl. 1re, fig. CC.) Variété *α*
de l'Agaric de couche.

Synonymie. Agaricus campestris, Schœff. — Hypophyllum campestre, Paulet. — Variété *δ*, Agaricus arvensis. — *Vulg.*, Champignon des bruyères, Boule de
neige de Paulet.

Caractères botaniques. Pédicule. Pourvu d'une collerette plus ou moins complète; blanc, glabre, plein,
charnu, ordinairement cylindrique, haut de deux pouces
environ, épais de six à huit lignes. *Chapeau.* D'abord
sphérique, puis convexe, large de deux à trois pouces;
à superficie blanche ou d'un jaune pâle, unie, non sujette à s'écailler, comme dans la variété β, A. arvensis.
Feuillets. Inégaux, nombreux, étroits, distincts du pédicule, d'une couleur rose pâle ou violâtre, qui brunit
et noircit dans sa vieillesse. *Chair.* Ferme et cassante,
et susceptible d'être pelée. *Saveur et odeur.* Agréable et
particulière. *Végétation.* Cet Agaric croît dans tous les
terrains, mais on le trouve plus communément sur les
friches, solitaire, ou par petits groupes; dans les pâturages, dans les bois découverts, les jardins, où il est
commun, surtout en automne. On le cultive sur couche,
sur le fumier. *Propriétés.* Cet Agaric est recherché par
les gourmets et préféré au Champignon de couche; on
l'emploie comme aliment et comme condiment.

Observation. Il ne faut pas le confondre avec l'*Agaric
bulbeux* (pl. v) et l'*Agaric à verrues* (pl. vi), qui sont

deux espèces dangereuses, et dont les feuillets sont blancs.

L'*Agaric des friches* n'est qu'une variété du Champignon de couche, ou plutôt c'est le type de cette famille. Il diffère néanmoins de l'espèce cultivée par les mouchetures jaunes et les squames dont son chapeau est recouvert. Ces Champignons sont beaucoup plus délicats que ceux que l'on cultive. Leur chair, cassante, est infiniment plus parfumée que celle du Champignon de couche, qui, en revanche, offre plus de substance.

Il y a deux variétés de l'Agaric des friches : la première à surface lisse, ayant le pédicule garni d'un anneau (O) ; la seconde à surface peluchée (P).

III. Agaric boule de neige (Persoon), ou Champignon des bruyères. (Pl. 1ʳᵉ, fig. D.)

Synonymie. Agaric comestible, Paulet, page 285. — Agaricus arvensis, Schœffer, pl. 310. — Agaricus edulis campestris, Bulliard, pl. 134. (*Pratelles* de Persoon.) — *Vulg.*, Prataiolo maggiore, bianco buono, en Piémont.

Caractères botaniques. Pédicule. Épais et plein, blanc, cylindrique et peu élevé. *Chapeau.* D'un blanc de neige lorsqu'il est frais ; puis roux ou jaune, sphérique, hémisphérique, et enfin en plateau horizontal. *Diamètre.* De deux à six pouces lorsqu'il est développé. *Surface.* Unie, peau fine et ne s'écaillant pas. *Développement.* A mesure que le chapeau s'étale, son voile se déchire pour former le collet. *Feuillets.* D'abord de couleur d'un rose tendre, souvent lilas, enfin d'un brun noirâtre,

après le parfait développement. *Odeur et saveur.* Celle
du cerfeuil. *Végétation.* On le trouve dans les bosquets
frais, sur la lisière des bois, sur les pelouses, parmi les
fougères et les bruyères, et dans les endroits découverts. *Saison.* En automne. *Propriétés.* Son parfum et
sa saveur le font préférer par les gourmets au Champignon de couche, parce qu'il vient en plein air, parce
qu'il est plus aromatique, plus fin, plus tendre, plus
délicat, et si facile à digérer, qu'on n'en est jamais incommodé.

Observation. La cuisson de l'Agaric boule de neige
exige peu de temps. Il suffit, après l'avoir épluché et
coupé par morceaux, de le faire cuire avec du beurre,
du persil, du sel et du poivre, sur un feu très-vif, pendant un quart d'heure. On lie la sauce avec des jaunes
d'œuf. Il est beaucoup plus facile à digérer que le Champignon de couche. On doit choisir de préférence les su-
jets dont les lames sont encore roses, et rejeter ceux
dont les feuillets sont noirs ou piqués par les vers et un
peu amollis par l'humidité de la rosée. Ces derniers,
quoique d'une bonne qualité, peuvent légèrement dé-
ranger les fonctions digestives, occasioner des flatuo-
sités, des coliques et un peu de dévoiement. Ces accidens cessent en prenant une cuillerée de café, de rhum
ou d'eau-de-vie, dans un verre d'eau sucrée. Ce Champignon échauffe et est aphrodisiaque.

Il faut bien se garder de le confondre avec l'*Amanite
bulbeuse* (pl. v), qui a le pédicule renflé à la base, et
un volva dont les débris restent sur le chapeau comme
des verrues que l'on enlève facilement ; d'ailleurs, les
feuillets de ce dernier sont blancs pendant toute sa végétation. C'est un Champignon très-dangereux.

IV. AGARIC SATINÉ ET MAMELONNÉ. (Variété de l'Agaric élevé.) (Pl. 3, fig. B.)

Synonymie. Agaricus mamillatus.

Caractères botaniques. Pédicule. Très-élevé et bulbeux à la base, creux au centre. *Chapeau.* A surface très-lisse et de couleur grisâtre, aplatie et dont les bords sont repliés sur les lames; pourvu, au centre, d'un mamelon distinct, avec trois rangées circulaires de taches noires de quatre à six pouces de diamètre. *Lames.* Blanchâtres, formant, comme dans l'Agaric élevé, auquel il ressemble beaucoup, un bourrelet au sommet du pédicule. *Consistance.* Sèche, peu de chair. *Saveur.* Très-agréable. *Odeur.* De pain d'épice. *Végétation.* On le rencontre en automne sur les pelouses découvertes et dans les bois peu ombragés. *Propriétés.* Le chapeau seul se mange apprêté comme la véritable Oronge, mais l'on jette le pédicule, qui est très-coriace et de très-difficile digestion.

V. AGARIC VIRGINAL. (Pl. 1re, fig. T.)

Synonymie. Agaricus ericeus, Bulliard, pl. 188. — Agaricus niveus, Schœff., Fung., pl. 232. (Genre *Omphalia*, Persoon.) — *Vulg.*, Agaric des bruyères, petite Oreillette, et Mousseron dans certains pays.

Caractères botaniques. Pédicule. Nu, long d'environ un pouce, plein ou fistuleux, plus épais au sommet qu'à la base. *Chapeau.* D'abord convexe, ensuite plane, puis quelquefois déprimé ou ombiliqué au centre; d'un blanc de neige, puis roux dans toutes ses parties; surface luisante et susceptible de se gercer; sa largeur est d'un pouce et demi environ , avec les bords roulés en dessous , quelquefois striés ou demi-transparens. *Feuillets*. Nombreux , inégaux , décurrens et d'un roux fauve. *Consistance*. Sèche , s'il croît sur un terrain découvert ; et molasse , si on le recueille sur un sol humide. Chair épaisse. *Odeur*. Celle du Champignon de couche. *Végétation*. On le rencontre par peuplades , en septembre et octobre , dans les friches et les pâturages. *Saison*. Vers la fin de l'été et jusqu'au mois de novembre. *Propriétés*. Il est très-agréable au goût et se prépare comme l'Agaric boule de neige. On le mange dans certains pays sous le nom de *Mousseron*.

Observation. Cet Agaric , du genre délétère des *Omphalies* de Persoon , dont le caractère est d'être sans volva ni anneau , d'avoir un pédicule plein ou fistuleux et un chapeau ombiliqué , n'a pourtant point de principe pernicieux , car on le mange , ainsi que le suivant , dans plusieurs contrées , où on lui donne improprement, dit Bulliard , le nom de *Mousseron* , parce qu'il est agréable au goût.

La couleur blanche de son chapeau lui a fait également donner celui de *Virginal*. Il est d'abord convexe , ensuite plane ou ombiliqué , avec les bords rabattus. Les lames sont peu nombreuses , décurrentes et entremêlées de demi-feuillets. Le pédicule est cylindrique , plein ou fistuleux , continu avec le chapeau.

On trouve en automne ce Champignon par groupes , dans les bruyères , sur les pelouses et sur le bord des forêts.

VI. AGARIC ÉLEVÉ. (Pl. 3 , fig. D.)

Synonymie. Agaricus procerus , Persoon. — Agaricus

colubrinus , Bulliard. (Classe des *Lepiota* de Persoon.)
—*Vulg.* , Couleuvrée, Cormelle, Coulemelle , Parasol ,
Poturon , Boutarot , Vertet , etc.

Caractères botaniques. Pédicule central pourvu d'un
collier persistant. Cette espèce est la plus élevée du
genre Agaric. *Pédicule.* Bulbeux à sa base et bigarré en
peau de serpent ; montant à dix et douze pouces ; creux
à son centre, recouvert d'écailles brunes et blanches ,
et d'un collet persistant et mobile. *Chapeau.* D'abord
ovoïde, puis étalé, proéminent au centre, de couleur
bistre , chargé plus ou moins d'écailles imbriquées par
l'épiderme qui se soulève, et de dix à douze pouces de
diamètre. *Lames.* Blanches , inégales , larges , peu nombreuses, et formant un bourrelet au sommet du pédicule. *Saveur.* La pulpe du chapeau est tendre et d'un
goût agréable. *Odeur.* De pain d'épice. *Végétation.* Il
croît en été et en automne , sur les pelouses découvertes, dans les taillis et les bois peu ombragés. *Propriétés.* Il est excellent à manger ; on en fait une grande
consommation dans le département de la Nièvre , mais
on jette le pédicule, qui est coriace.

Observation. On a long-temps confondu cinq espèces
de Champignons qui ont quelques rapports entre eux, à
la vérité, d'après des descriptions qui ne sont pas ap-
puyées de dessins , mais qui ne laissent aucune équivoque en les comparant.

1°. L'*Agaric élevé* dont je viens de donner la description.

2°. L'*Agaric engaîné* (pl. III), *vulgairement* Coucoumelle jaune, et qui a pour caractères :

Pédicule. De trois à cinq pouces, fistuleux, cylindrique ou conique, non bulbeux, sans collet, écailleux à sa base. *Volva*. Persistant, en forme de gaîne. *Chapeau*. Convexe, puis plane, garni d'écailles de la volve, et toujours strié sur ses bords. *Diamètre*. Deux ou trois pouces. *Couleur*. Grisâtre, ou jaune fauve en dessus, quelquefois livide à un âge avancé. *Lames*. Inégales, rétrécies à la base, blanches et adhérentes au sommet du pédicule. *Odeur et saveur*. Désagréables dans l'état de crudité. *Végétation*. Bois et bordures. *Saison*. Automne. *Propriétés*. Comestible. On le vend au marché, à Montpellier.

3°. *Agaric plombé* (pl. IX), variété α de l'Agaric engaîné, *vulgairement* Coucoumelle grise ou grisette.

Quoique cette espèce soit indiquée *comestible* et plus délicate que l'Agaric engaîné, néanmoins je lui ai reconnu des propriétés délétères qui me l'ont fait éliminer de la classe des Champignons alimentaires.

4°. *Agaric piléolaire* (pl. III, fig. D), variété de l'Agaric élevé; *vulgairement* Coucoumelle d'eau à surface peluchée. *Fungus pileolo conico maculato*.

Port. Chapeau penché. *Pédicule*. Creux, de trois à six lignes de diamètre, haut de six à dix pouces, bulbeux à la base; marqué, lorsqu'il est sec, de raies et de stries en spirale; garni d'un collet mobile et persistant. *Volva*. Vestiges triangulaires roux sur le chapeau. *Chapeau*. Aplati et dont les bords sont légèrement repliés sur les lames; pourvu, au centre, d'un mamelon régulier, distinct et saillant. *Surface*. Cotonneuse, sèche et squammeuse. *Épaisseur*. Peu de chair. *Dia-*

mètre. De trois à quatre pouces. *Couleur*. Noisette fauve. *Feuillets*. Inégaux, se terminant sur un bourrelet non adhérent au pédicule et de couleur blanche. *Odeur*. De pain d'épice. *Végétation*. Sables, terrain découvert, lisières des forêts. On le trouve en été et en automne. *Propriétés*. Comestible.

5°. *Agaric mamelonné et satiné* (*voyez* le n° IV). *Vulgairement*, petite Coulemelle.

VII. AGARIC ENGAÎNÉ. (Pl. 3, fig. BB.)

Synonymie. Agaricus vaginatus, Bull. (Pl. 98.) — *Vulg.*, Coucoumelle grise. (*Lepiota* de Persoon.)

Caractères particuliers. On distingue cette Amanite à son volva, qui se prolonge en forme de gaine à la base du pédicule, et à son chapeau d'une couleur livide.

Caractères botaniques. *Pédicule*. Bulbeux, long de cinq à sept pouces, communément enfoncé dans la terre jusqu'aux deux tiers de sa hauteur; enveloppé par une gaine persistante s'évasant par le haut et dont la chair fait corps avec celle du chapeau; plein dans sa jeunesse, et creux et cotonneux en vieillissant. *Chapeau*. Blanc, rayé de bistre sur les bords; sphérique étant jeune, puis s'aplanissant en conservant au centre un mamelon. *Feuillets*. Très-blancs, peu nombreux, plus élargis vers leur extrémité extérieure que vers l'intérieure; divisés en feuillets et en portions de feuillets. Ceux qui sont entiers sont en petit nombre; ils ne touchent point au pédicule, près duquel ils se terminent en pointe en se rétrécissant insensiblement. *Saveur*. Un peu salée, sans être désagréable au goût. *Odeur*. Peu sensible.

Végétation. On trouve ce Champignon en juin, juillet et août, dans les bois où il se plaît à l'ombre. *Propriétés.* Comestible.

VIII. AGARIC TIGRÉ. (Pl. 2 , fig. EEE.)

Synonymie. Agaricus tigrinus, Bull. — (Persoon, *Omphalies.*)

Caractères botaniques. Port. Il vient par groupes. *Pédicule.* Plein, toujours tortueux, et plus ou moins tigré. *Chapeau.* Régulièrement arrondi dans sa jeunesse, ayant toujours un enfoncement dans le milieu, qui croît avec l'âge ; fond blanc tacheté de roux. Ces petites peluchures, rousses, brunes ou tannées, sont plus ou moins nombreuses, et lui donnent un aspect tanné ; ses bords sont plus ou moins rabattus. *Chair.* En petite quantité, molle sans être fragile. *Feuillets.* Nombreux, inégaux et serrés, divisés en feuilles, demi-feuilles et partie de feuilles. Ceux qui sont entiers se terminent en pointe sur le pédicule, et ne peuvent en être séparés dans leur entier. *Saveur et odeur.* Très-agréable au goût et à l'odorat. *Végétation.* On le trouve, en été et en automne, dans les bois, sur de vieux troncs d'arbres pourris, et particulièrement sur les ormes. *Propriétés.* Très-recherché pour la table.

IX. AGARIC MOUSSERON. (Pl. 1ʳᵉ, fig. E.)

Synonymie. Agaricus albellus, Schœffer, De Candolle. (Persoon, *Gymnopes.*) — Amanita albus, Hal.— Amanite odorante, *Encyclopédie.*

Caractères botaniques. Pédicule. Court, plein, ridé

et renflé à sa base ; sans volva, ni collet ; continu avec la chair du chapeau. *Chapeau.* D'une couleur blanchâtre, bombé dans sa jeunesse ; sa superficie est sèche, et ressemble, dit Bulliard, à la peau d'un gant. *Lames.* Blanches et nombreuses, inégales, très-serrées, très-étroites, et terminées en pointe aux deux extrémités ; les feuillets entiers sont en petit nombre ; ils sont un peu décurrens sur le pédicule. *Chair.* Très-épaisse ; cassante, quoique fibreuse ; elle prend une couleur brunâtre sous la dent ; on ne peut la peler. *Végétation.* On trouve le Mousseron en mai et juin, sur les friches et dans les bois, au milieu de la mousse, d'où il tire son nom. *Saveur.* Très-agréable. *Odeur.* Celle du Champignon de couche, mais plus pénétrante et plus volatile. *Propriétés.* On le préfère, quand il est jeune, au Champignon de couche, parce qu'il est infiniment plus délicat. On en fait un fréquent usage dans les sauces et les ragoûts.

X. AGARIC FAUX MOUSSERON. (Pl. 1re, fig. FF.)

Synonymie. Agaricus tortilis, De Candolle. — Agaricus pratensis, Sowerby. (*Gymnopes* de Persoon.) — *Vulg.*, Mousseron d'automne.

Caractères botaniques. Pédicule. Grêle, plein, cylindrique, long d'environ deux pouces, épais de trois lignes au plus ; se tordant comme une corde en se desséchant ; sans volva, ni collerette. *Chapeau.* D'un blanc roux ou fauve ; d'abord hémisphérique, puis conique, quelquefois plane et mamelonné, large de deux pouces ; superficie sèche et luisante. *Feuillets.* Larges, inégaux, libres, nombreux, plus colorés sur leurs bords, et peu distans du pédicule. *Chair*. Molle, se déchirant avec peine et ne pouvant se peler, mais plus coriace que celle du vrai Mousseron. *Saveur et odeur*. Presque aussi agréable au goût et à l'odorat que le vrai Mousseron, mais plus coriace. *Végétation*. Il croît par petits groupes; on le trouve fréquemment sur les friches, dans les bois et les pâturages, en août et septembre, ce qui lui a fait donner le nom de *Mousseron d'automne*. *Propriétés*. Excellent à manger.

XI. **AGARIC RAMEUX.** (Pl. 2, fig. FFF.)

Synonymie. Agaricus ramosus de Bulliard. (*Gymnopes* de Persoon.)

Caractères botaniques. *Pédicules*. Pleins, grêles, trois ou quatre fois plus longs que le diamètre du chapeau. Ils vont en s'amincissant un peu vers le sommet; ils partent tous d'un tronc qui leur est commun, et la plupart semblent rameux à leur base. *Chapeau*. Orbiculaire, presque entièrement aplati, et dont la superficie est sèche et d'un blanc de lait ou jaunâtre. *Feuillets*. Inégaux, nombreux et médiocres. *Consistance*. La chair est ferme, sans être cassante. *Saveur*. Agréable au jeune âge, et amer en vieillissant. *Odeur*. Peu sensible. *Végétation*. On trouve ce Champignon, blanc dans toutes ses parties ou jaunâtre, par groupes ou faisceaux lâches. Il paraît en automne, sur les vieilles souches de chêne et sur la sciure de bois.

XII. **AGARIC EN FORME DE DÉ.** (Pl. 1re, fig. G.)

Synonymie. Amanita digitaliformis, *Encyc. méth.* —

Agaricus pallescens , Bulliard. —Agaricus disseminatus.
(*Lepiota* de Persoon.)

Caractères botaniques. Pédicules. Très-grêles , fistuleux , d'un blanc de soie, et garnis , à leur partie inférieure , d'une petite couronne de poils blancs. *Chapeau.*
Grisâtre ou un peu roussâtre , strié ou digitaliforme.
Feuillets. D'un gris blanc , presque tous égaux et fria-
bles. *Consistance.* Souple et fragile. *Saveur et odeur.*
Agréables. *Végétation.* Ces petits Champignons naissent
par groupes nombreux sur de vieilles souches pourries et
dans les bois humides. Ils croissent très-vite et durent
peu de temps. On les distingue de l'Amanite fragile par
leur pédicule fistuleux et leur chapeau plus fortement
campanulé. *Propriétés.* Ces Champignons sont très-
délicats.

XIII. AGARIC EN COQUILLE. (Pl. 3 , fig. FF.)

Synonymie. Agaricus conchatus, Bull. (*Pleuropes*
de Persoon.) — Agaric inconstant. — Variété α Dimidiatus , Bull. — Agaricus ostreatus, Jacquin. — *Vulg.*,
Couvrose (Vosges), Oreille de Nouret ou Noiret (Cordier, page 152).

Caractères botaniques. Pédicule. Nu , plein , assez
court , plus ou moins recourbé , s'insérant latéralement
au chapeau. *Chapeau.* Ordinairement large de trois à
quatre pouces , mais parvenant jusqu'à huit et dix. Il est
dimidié, et prend la forme de la coquille appelée vulgairement *Bénitier de Saint-Sulpice.* Il est mince , a peu
de chair, sinué sur ses bords qui sont roulés en dessous.
Superficie. De couleur cendrée , rousse , bistrée ou bru-

nâtre, et quelquefois légèrement peluchée. J'en ai trouvé d'une blancheur éblouissante à Voisin, dans le beau parc de M. le comte de Saint-D...., sur des hêtres morts. *Feuillets.* Blancs ou jaunâtres, très-décurrens, étroits et inégaux. Les plus longs sont, d'après l'observation de Persoon, anastomosés à leur base dans l'espèce *Dimidiatus. Consistance.* Fragile. *Saveur.* Agréable et douceâtre. *Odeur.* D'anis vert. *Végétation.* Il croît en automne sur les troncs pourris du hêtre, du noyer, du chêne, quelquefois même au pied de ces arbres, et le plus souvent à une hauteur de dix-huit à vingt pieds et par touffes. *Propriétés.* Il est très-délicat à manger.

XIV. AGARIC FUSIFORME. (Pl. 2, fig. GG.)

Synonymie. Agaricus fusiformis, Bull., tab. 76. — Agaricus crassipes, LXXXVII de Schœffer. (*Gymnopes* de Persoon.) — *Vulg.*, Chénier ventru. (Paulet.)

Caractères botaniques. Pédicule. Plein, fibreux, glabre, puis fistuleux, renflé vers le milieu, souvent sillonné, et ressemblant parfaitement à un fuseau ; de couleur fauve. *Chapeau.* Arrondi et régulier dans l'état de jeunesse, et se déformant ensuite peu à peu, sans pourtant s'aplatir, de deux à trois pouces de diamètre. *Superficie.* Sèche. *Chair.* Fibreuse et continue avec celle du pédicule, ferme et un peu coriace. *Couleur.* Tout le Champignon est d'un jaune d'ocre foncé. *Feuillets.* Étroits et divisés en feuillets, demi-feuillets et quart de feuillets ; blancs dans leur jeunesse, puis fauves et un peu écartés. *Saveur et odeur.* Peu remarquables. *Végétation.* On rencontre presque toujours ces Champignons par groupes ; quelquefois ils sont unis deux à deux ou trois à trois par leurs racines. Ils se plaisent sur les hauteurs ; ils sont aussi assez communs dans les bois, en juillet et août, au pied des arbres ou sur les troncs pourris. *Propriétés.* Il peut servir d'aliment, mais il n'est pas très-délicat.

xv. **Agaric en entonnoir.** (Pl. 2, fig. HH.)

Synonymie. Agaricus infundibuliformis, Bulliard, pl. 148. — Agaricus cyathiformis, *Flore danoise.* — Agaricus suavis. (*Gymnopes* de Persoon.)

Caractères botaniques. Pédicule. Plein et continu, long et étroit ; nu, blanchâtre, fibreux, évasé à sa partie supérieure, et renflé vers sa base. *Chapeau.* Creusé en coupe et en entonnoir, large de trois pouces, mince, humide, à bords sinués. *Feuillets.* Blancs, étroits, inégaux, minces, terminés en pointe, dont quelques-unes atteignent le pédicule et sont décurrentes. *Couleur.* Jaune pâle, ou grisâtre. *Saveur et odeur.* Forte, mais agréable. *Végétation.* On trouve assez fréquemment cet Agaric à la fin de l'été et en automne, solitaire, dans les bois, où il croît à l'ombre, dans les lieux couverts de mousse, ou sur des tas de feuilles mortes, auxquelles il est retenu par de petites racines. *Propriétés.* Il est assez délicat à manger.

xvi. **Agaric Macaron.** (Pl. 3, fig. GGG.)

Synonymie. Agaricus scriblita, Cordier. (*Gymnopes* de Persoon.) — *Vulg.*, Mousseron d'Annas (en Provence). — Macaron des prés. — En italien, *Berlingozzino dei prati* (Paulet), *Macaroni dei prati.*

Caractères botaniques. Port. Peu élevé et irrégulier

dans ses formes. *Pédicule*. D'un blanc sale, d'un pouce de hauteur, plein, cylindrique, plus gonflé à sa base, et creux en cette partie. *Chapeau*. D'un jaune de Sienne ou d'un gris roussissant. Cette surface, sujette à s'entr'ouvrir et à se diviser en lanières, est comme sillonnée ou ridée, ce qui lui donne l'aspect du macaroni. *Lames*. D'un blanc sale, d'une ligne de hauteur, de diverses grandeurs, les plus longues décurrentes sur le pédicule, et faisant corps avec lui. *Odeur et saveur*. Très-agréable. *Chair*. D'une consistance et d'une substance ferme se conservant bien. *Végétation*. En Provence et en Italie, dans les prés, sur les friches et lieux non cultivés; en automne. *Propriétés*. Très - recherché pour la table. On les vend dans le commerce sous le nom de *Champignons d'Annas*.

XVII. AGARIC ROUGEATRE. (Pl. 3, fig. C.)

Synonymie. Agaricus rubescens. — *Vulg*., Golmelle ou Golmotte vraie (Meuse), Cordier, 209.

Caractères botaniques. *Pédicule*. Bulbeux à sa base, et cylindrique dans toutes ses autres parties; fistuleux, long de quatre à cinq pouces; d'un rouge pourpre, plus foncé à la partie inférieure, où l'on voit à peine les traces du volva; garni de peluchures dans sa longueur, et pourvu d'un anneau très-large, de la couleur du pédicule, et laissant apercevoir l'empreinte des lames ou feuillets. *Chapeau*. Convexe en naissant, puis presque plane, large de quatre pouces; d'un rouge fauve peu éclatant, et d'un rouge pourpre au centre; couvert à sa surface de squames aplaties. *Feuillets*. Nombreux, larges, inégaux, non décurrens; d'un blanc éclatant. *Con-*

sistance. Chair cassante, blanche, rougeâtre à la surface. *Saveur.* D'abord nulle, puis devenant âcre et salée. *Odeur.* Peu sensible. *Végétation.* Cet Agaric croît à terre, dans les bois peu ombragés, où on le trouve solitaire en été ou en automne. *Propriétés.* Il est alimentaire, et se vend dans tous les marchés en Lorraine, où on en fait une grande consommation.

Observation. Il faut bien se garder de confondre cet Agaric rougeâtre avec l'Agaric à verrues (*Agaricus verrucosus*, Bulliard. — *Agaricus asper*, De Candolle. — *Amanita aspera* ou *rubescens* de Persoon), car ce dernier est très-dangereux.

XVIII. AGARIC COMESTIBLE DES TRONCS. (Pl. 3, fig. HH.)

Synonymie. Agaricus caudicinus. — Agaricus lignatilis, Bulliard, t. 534. — En italien, *Famiglioli gialli buoni.* — Agaricus truncorum, Schœffer, t. 4.

Caractères botaniques. Pédicule. Écailleux, cylindrique, de couleur bistre foncée, et pourvu d'un collier petit et fugace. *Chapeau.* Glabre, gris brunâtre et plié sur les bords, ayant un mamelon sur le milieu, et du diamètre de trois ou quatre pouces. *Feuillets.* Un peu décurrens, blanchâtres ou ferrugineux. *Consistance.* Chair fragile. *Saveur et odeur.* Peu sensibles. *Végétation.* Après la pluie, depuis le printemps jusqu'en hiver, cet Agaric vient par groupes sur des troncs d'arbres ou sur de vieilles souches, dans les avenues et au bord des chemins. *Propriétés.* On en fait un grand usage en Allemagne, et surtout en Autriche.

Observation. L'*Agaricus polymices* a beaucoup de rapport avec celui qui précède, ainsi que le suivant,

Agaricus annularius, Bull., t. 540, f. 3, qui est très-dangereux : c'est l'espèce appelée par Paulet *la Tête de Méduse*.

XIX. AGARIC ATTÉNUÉ.

Synonymie. Agaricus attenuatus, De Candolle, *Flore française*, suppl. 547. — *Vulg.*, Pivoulade.

Caractères botaniques. *Port*. Deux à trois pouces d'élévation. *Pédicule*. Aminci à la base, s'évasant insensiblement jusqu'au sommet ; souvent central, quelquefois excentrique ; épais de deux lignes à la base, et de six à neuf au sommet, plus ou moins courbé, blanchâtre, muni d'un collier rabattu. *Chapeau*. Convexe, charnu, d'un blanc sale ou roussâtre. *Feuillets*. D'un brun fauve sale, décurrens du grand côté quand le pédicule est excentrique, et rentrant de toutes parts quand il est central. *Végétation*. Il croît sur les troncs de saule aux environs de Montpellier. *Saison*. Été et automne. *Propriétés*. Comestible.

XX. AGARIC PAILLET, AGARIC DU SUREAU. (Pl. 3, fig. II.)

Synonymie. Agaricus sambucinus. — Agaricus alborufus, Thore, Persoon. — *Vulg.*, Sahuquère, Aloumères.

Caractères botaniques. *Pédicule*. Court, grêle, plein, dur, lisse, blanc, courbé et d'une teinte verdâtre ; implanté sur le Sureau. *Chapeau*. D'un blanc rosâtre sale, très-peu épais ; mamelonné à tout âge ; surface lisse ; de trois pouces de diamètre. *Feuillets*. Hauts de quatre à cinq lignes, écartés les uns des autres, et entremêlés de portions de feuillets. Les plus longs sont décurrens sur la tige de toute leur largeur, qu'ils dépassent même en faisant saillie ; plus épais à leur base qu'à leur tranche, et d'une couleur blanche. *Chair.* Coriace. *Odeur.* Très-agréable. *Saveur.* Douceâtre. *Végétation.* Au printemps et en automne, sur les Sureaux, et non aux pieds, comme l'autre espèce, qui n'est pas comestible, et qui fatigue les animaux qui en ont mangé. *Propriétés.* Ce Champignon, parasite du Sureau, est très-recherché des habitans de Dax, où il est très-commun, d'après le rapport de Thore.

XXI. **Agaric lactaire doré.** (Pl. 9, fig. UU.)

Synonymie. Agaricus lactifluus aureus, Agaricus lactifluus ruber, Trattinnick. (*Lactaires* de Persoon.) — *Vulg.*, Vache (Vosges). — Viau ou Veau (Meuse). — Rougeole à lait doux, Paulet, Cordier.

Caractères botaniques. Port. Gracieux. *Pédicule.* Brun incarnat velouté, nu, d'une forme variée. *Chapeau.* De trois à quatre pouces de diamètre, d'abord sphérique, puis déprimé au centre, qui cependant reste mamelonné ; d'une couleur brune orangée, ou d'un rouge vermillon à bords déchirés et cassans. *Lames.* Jaunâtres, rares et écartées. *Suc.* Laiteux, doux. *Saveur.* Agréable. *Végétation.* On le trouve en été sur les pelouses et sur les friches. *Propriétés.* C'est une des espèces les plus délicates et que les gourmets recherchent.

XXII. **Agaric a tête lisse.** (Pl. 3, fig. R.)

Synonymie. Agaricus leïocephalus , Cordier , 218 ; De Candolle , Suppl. , 564.

Caractères botaniques. Port. Belle espèce entièrement blanche. *Pédicule.* Nu , épais à sa base , court, charnu, sans collier. *Volva.* Grande. *Chapeau.* De sept à huit pouces de diamètre ; d'abord convexe, puis plane et arrondi ; les bords poudreux, le centre lisse et satiné ; d'une blancheur éblouissante dans toutes les parties. *Feuillets.* Nombreux , inégaux , non adhérens au pédicule. *Odeur.* Agréable. *Chair.* Ferme.

Observation. Il ressemble à l'Oronge blanche , mais il n'a pas de collier, et son chapeau , selon De Candolle , est lisse. On le vend au marché de Montpellier.

XXIII. AGARIC RUSSULE. (Pl. **3**, fig. K.)

Synonymie. Agaricus russula , Pers. , 200 ; Schœff. , t. 58. — Agaricus pectinaceus , Bull. , t. 509, t. Z. — *Vulg.* , Fayssé (en Lorraine), Cordier.

Caractères botaniques. Port. Belle espèce de Champignon, de couleur rouge éclatante ; ressemblant, au premier abord , à deux variétés bien dangereuses , *Agaricus roseus* et *Agaricus emeticus. Pédicule.* Nu , blanchâtre ou rose, spongieux à l'intérieur ; long de trois ou quatre pouces. *Chapeau.* Penché vers la base du pédicule ; du diamètre de trois à quatre pouces ; un peu convexe et mamelónné ; de couleur rougeâtre ou rose foncé ; ordinairement parsemé de petites écailles granuleuses ; se fondant sur ses bords. *Lames.* Blanches ou jaunâtres , épaisses, inégales en longueur et largeur ; quelques - unes d'entre elles sont parfois bifurquées. *Chair.* Blanche , ferme et cassante. *Odeur.* Presque nulle. *Saveur*. Agréable. *Végétation*. Il croît à terre dans les bois, surtout en Allemagne ou en Autriche. *Propriétés*. Alimentaire.

Observation. Il ne faut pas confondre cet Agaric russule avec les variétés *Agaric à dent de peigne* (couleur de rose) et l'*Agaric pectinacé émétique*, qui sont très-dangereux.

La Russule comestible n'a pas une saveur âcre comme ces deux espèces suspectes, et ses lames ne sont pas de la même longueur. En confrontant les dessins des trois espèces, il ne peut plus exister aucune méprise.

Persoon trace aussi l'histoire d'un Rousset comestible (*Russula esculenta*). Il est d'une grande dimension et d'une consistance fragile ; son chapeau est déprimé et rouge ; les feuillets sont cassans et jaunâtres, ainsi que le pédicule. On le mange. (Pl. 9, fig. A.)

Le Rousset doré (*Russula aurea*), Persoon. Il est cassant aussi, mais la chair et le chapeau sont d'un beau jaune.

Les espèces dangereuses ont les caractères suivans :

Agaricus roseus. Est couleur de rose et presque blanchâtre, à chapeau plus concave ; il aime le voisinage des troncs, ou bien il végète au pied des gros arbres.

Agaricus emeticus. Est d'un rouge foncé ou sanguin, plus aplati et à pédicule plus court ; on le trouve dans les lieux ombragés et humides ; sa saveur est piquante.

Dans ces deux espèces délétères, les lames sont blanches, nombreuses et égales.

On donne dans l'*Encyclopédie méthodique*, sous le n° 416, le nom d'*Agaric russule* (*Agaricus luteus*, Persoon, syn. 442) à un tout autre Champignon, mais qui n'est pas comestible, et dont les caractères sont : *Pédi-*

cule. Blanc, légèrement fistuleux, long d'un pouce et demi. *Chapeau.* Presque visqueux, pâle, ombiliqué, large d'un pouce. *Lames.* Distinctes, d'un fauve clair, un peu épaisses. *Végétation.* Dans les forêts.

XXIV. AGARIC PILÉOLAIRE. (Pl. 3, fig. C.)

Synonymie. Agaricus pileolarius, Persoon. — Agaricus geotropus, Bull. — Agaricus nebularis, Batsch., De Candolle, 46o, etc. — *Vulg.*, Agaric petit, Bonnet.

Caractères botaniques. Pédicule. Plein, nu, continu avec la chair du chapeau, tomenteux et ventru à sa base, blanc, avec des stries grisâtres ou jaunâtres, cotonneux intérieurement, long de trois à quatre pouces et demi, épais de neuf lignes à sa base. *Chapeau.* D'abord hémisphérique, ensuite convexe, avec les bords repliés en dessous, et enfin plane ou un peu concave, et conservant un large mamelon au milieu. Son diamètre est de deux à trois pouces ; sa superficie est sèche, d'un gris roux, et comme farineuse ou cotonneuse. *Chair.* Épaisse, ferme et blanche, mais ses bords sont minces. *Feuillets.* Grisâtres, nombreux, inégaux, décurrens. *Odeur et saveur.* Agréables. *Végétation.* On le trouve communément à la fin de l'été, à terre, dans les forêts de pins, ou sur des amas de feuilles pourries. *Propriétés.* Comestible.

XXV. AGARIC DU HOUX. (Pl. 3, fig. L.)

Synonymie. Agaricus aquifolii, Pers., Champ. — Hypophyllum aquifolii, Paulet. — *Vulg.*, Oreille, ou Champignon du Houx ; grand Gyrole (Paulet).

Caractères botaniques. Pédicule. Nu et un peu comprimé ; haut de quatre à cinq pouces, sur deux de largeur. *Chapeau*. A surface lisse, et quelquefois gercée ; de trois à quatre pouces de diamètre ; remarquable par sa couleur jaune de buis. *Feuillets*. Inégaux et non décurrens. *Consistance*. Chair sèche et fibreuse. *Saveur*. Chair du chapeau tendre, blanche et très-délicate. *Odeur*. Très-parfumée. *Végétation*. Il croît dans les bois sur les pieds du Houx ; on le trouve en été et en automne. *Propriétés*. Très-recherché comme aliment.

XXVI. AGARIC PALOMET. (Pl. 3, fig. M.)

Synonymie. Agaricus Palomet. — Agaricus pectinans, Bull., Herb., t. 509, F. M. — Hypophyllum palumbium, Paulet, tom. 2, p. 208, t. 95.—*Vulg.*, Traux-Cher, Crusagne, Palomet (Landes) ; Vert, Vert-Bonnet (Meuse) ; Mousseron Palomette, ou Blavet, Paulet.

Caractères botaniques. *Pédicule*. Nu, plein, cylindrique, ou légèrement renflé à sa base. *Chapeau*. D'abord convexe et régulier, ensuite légèrement concave et irrégulièrement arrondi, peu épais, large de trois pouces, d'un blanc sale sur ses bords, d'un vert gris ou vert d'œillet, plus ou moins foncé au centre, tirant quelquefois sur le roux ; bords un peu striés ; superficie sèche, marquée de lignes qui se croisent en divers sens. *Feuillets*. Blancs, très-nombreux, presque égaux en longueur ; non décurrens. *Chair*. Blanche et cassante. *Odeur*. Agréable. *Saveur*. Exquise. *Végétation*. Il croît à terre ; le plus souvent on le trouve solitaire dans les bois, sur les friches, où il végète en été et en automne. *Propriétés*. C'est un mets délicieux, et justement recherché.

Observation. Le Palomet ayant quelque ressemblance avec l'Agaric à lames fourchues, qui est dangereux, il faut bien se garder de le confondre avec ce Champignon.

XXVII. AGARIC DU PANICAUT. (Pl. 3, fig. NNN.)

Synonymie. Agaricus eryngii, De Candolle, *Flore française*, suppl. 46. — Hypophyllum eryngii, Paulet, tom. 2, p. 133, t. 39. — *Vulg.*, Ragoule, Gingoule (dans le nord de la France); Brigoule, Baligoule, Bouligoule (dans le Midi); Oreille de Chardon (dans le Nivernais), Paulet.

Caractères botaniques. Pédicule. Nu, court, plein, ferme, blanchâtre, droit, cylindrique, central, et souvent excentrique. *Chapeau.* Surface lisse, de couleur roussâtre, du diamètre de deux à trois pouces; arrondi ou irrégulier; d'abord convexe, ensuite déprimé au centre, et ayant les bords roulés en dessous. *Chair.* Épaisse. *Feuillets.* Blancs, inégaux et décurrens sur le pédicule. *Saveur.* Très-délicate. *Odeur.* Agréable. *Végétation.* On le trouve assez communément en octobre, sur les racines mortes du Chardon-Roland. *Propriétés.* On le recherche comme aliment dans tous les pays où il se rencontre.

CHAMPIGNONS COMESTIBLES.

III. Genre CHANTERELLE.

Caractères génériques. Chapeau garni en dessous de plis étroits ou veines saillantes, qui souvent sont anastomosées entre elles.

1. Chanterelle jaunatre. (Pl. 2, fig. Z.)

Synonymie. Cantharellus flavescens minimus infundibuliformis, D., *Encycl. méth.* — Agaricus cantharellus, Bull., t. 5, P. Crypt. fung., 1639. — Fungus angulosus, etc., Vail., tab. xi, fig. 14 et 15. — Merulius cantharellus, Cordier. — Hyponevris cantharellus, Paul., tom. 2, p. 128, t. 36.—*Vulg.*, Chevrille, Chevrotte, Gyrolle, Jaunelet, Mousseline, Cassine, Escraville, Gallinace, etc. (Paulet et Cordier.)

Caractères botaniques. Pédicule. Épais de six lignes, plein, nu, charnu, se dilatant pour former le chapeau. *Chapeau.* D'un jaune chamois, régulier, convexe et orbiculaire dans sa jeunesse ; mais se relevant à mesure qu'il se développe, et formant presque l'entonnoir. Ses bords, dans cet état, sont plus prolongés d'un côté que de l'autre, contournés et souvent laciniés. *Surface inférieure.* Le chapeau n'est pas doublé de lames séparées, comme dans les Amanites et les Agarics ; mais, à la place, il y a des plis rameux, décurrens sur le pédicule, et qui ressemblent à des nervures bifides. *Chair*. Ferme, surtout dans l'état de jeunesse. *Odeur*. Très-suave. *Saveur*. Quand on le mâche, il pique d'abord un peu la langue, mais il laisse ensuite dans la bouche un goût exquis. *Végétation*. On trouve le Mérule Chanterelle, en juillet et août, dans les bois et les prés secs. *Propriétés*. Ce Champignon, ainsi que l'observe Bulliard, est un de ceux que l'on peut manger avec le plus de confiance. Il y a des campagnes où les habitans en font presque leur unique nourriture; ils le mangent à toute sauce. (Voyez, pour sa préparation, page xxiv de l'Introduction.)

11. CHANTERELLE CORNE D'ABONDANCE. (Pl. 2, fig. R.)

Synonymie. Agaricus cornucopioides, Bull. — Fungus ramosus, parvus, etc. (Mich., tab. 65, fig. 2, et tab. 79, fig. 3.)

Caractères botaniques. *Pédicule*. Continu, rarement bien arrondi, et toujours fistuleux; fort gros dans l'état de jeunesse, et soutenant un petit chapeau. *Chapeau*. Orbiculaire, qui, en grossissant, s'aplatit, se creuse, et finit par avoir la forme d'un entonnoir; sa concavité se prolonge souvent jusqu'à l'extrémité inférieure du pédicule. *Surface inférieure*. Au lieu de lames ou feuillets, ce Champignon, ainsi que tous ceux de son espèce, est garni en dessous de grosses nervures, rameuses, ordinairement peu saillantes et décurrentes; elles laissent échapper une poussière très-abondante. Les nervures sont quelquefois minces et fort larges. *Saveur*. Il est d'une consistance molasse, et pâteux sous la

dent, sans avoir rien de désagréable au goût. *Odeur*.
Nulle. *Végétation*. Ce Champignon vient par touffes sur
la terre; on le ramasse, vers la fin de l'été, dans les
bois; il se plaît à l'ombre. *Propriétés*. Il est comestible,
mais pas aussi délicat que la Chanterelle jaunâtre.

CHAMPIGNONS COMESTIBLES.

IV. Genre BOLET.

Caractères botaniques. Chapeau sessile ou pédonculé, à surface inférieure garnie de tubes ou de pores, au lieu de lames, et qui renferment les graines ou sporules.

1. BOLET COMESTIBLE. (Pl. 1re, fig. H.)

Synonymie. Boletus edulis, Persoon. — Boletus bovinus, Linnée. — Suillus edulis, Poiret (*Enc. méth.*). *Vulg.*, Cèpe ou Ceps, Gyrole, Bruguet, etc.

Caractères botaniques. Pédicule. Épais, cylindrique, renflé à sa base, d'un blanc sale, et marqué de lignes disposées en losanges ou réseaux. *Chapeau.* Large de trois à onze pouces, convexe, d'une couleur fauve, ou d'un rouge de brique, ou blanc, plus ou moins brun, suivant les espèces, ou plutôt les variétés. *Tubes.* Fins, d'abord blancs, puis jaunes ou verdâtres lorsque ce Bolet est mûr. *Chair.* Ferme, épaisse, blanche, quelquefois jaune; exposé à l'air, après être cueilli, sa couleur ne change pas. *Végétation.* On trouve ce Bolet en abondance, pendant l'été et l'automne, dans les bois et les lieux couverts. *Propriétés.* Ce Bolet est très-délicat. Les animaux, tels que les bœufs, les moutons, les cerfs et les porcs, le recherchent avec avidité, parce qu'ils en sont friands, d'où lui vient la synonymie de *suillus*.

Dans le midi de la France, des familles entières, peu fortunées, ont recours à cette libéralité de la Providence. A Bordeaux, où il est très-estimé par sa délicatesse, on le prépare comme le Champignon de couche, auquel il est supérieur pour le parfum et la saveur. Il ne perd pas de sa qualité par la dessiccation, ce qui est très-avantageux pour le luxe et la ressource des préparations culinaires. Pour cela, on choisit ceux qui sont jeunes et sains; on les coupe par tranches et on les met sécher au soleil.

Observation. Dans la crainte de méprise, il faut toujours ouvrir les Bolets et les laisser à l'air, pour observer si leur couleur s'altère, ce qui est un signe de principe vénéneux.

En général, il faut rejeter les Champignons douteux qui ont une saveur poivrée ou nauséabonde, dont la couleur devient bleue, verte ou noire, dès qu'on les entame. Ceux munis d'un collier, ou anneau, sont le plus souvent aussi dangereux à employer que les espèces feuilletées. Les docteurs Paulet, De Candolle et Roques possèdent à cet égard des observations concluantes.

II. **Bolet bronzé.** (Pl. 1re, fig. I.)

Synonymie. Boletus æreus, Bulliard, Persoon. — Suillus aureus, *Encyc. méth.* — *Vulg.*, Ceps noir.

Caractères botaniques. Pédicule. Cylindrique, long de trois à quatre pouces, d'un jaune pâle, quelquefois fauve ou brun, et marqué de nervures réticulées. *Cha-*

peau. Orbiculaire, convexe, très-épais, d'une couleur de bronze, avec une teinte rouge, ce qui le rend d'un brun noirâtre. *Tubes.* D'un jaune de soufre. *Consistance.* Chair ferme, blanche, rougeâtre vers la peau, et jaune près des tubes. *Saveur et odeur.* Goût et parfum du Bolet comestible. *Végétation.* On le trouve, en automne, dans les bois. *Propriétés.* Très-délicat à manger.

III. BOLET ORANGÉ. (Pl. 1re, fig. J.)

Synonymie. Boletus aurantiacus, Bulliard, Persoon. — Suillus aurantius, Poiret, *Encyc. méth.* — *Vulg.*, Roussile, ou Gyrole rouge.

Caractères botaniques. Pédicule. Cylindrique, quelquefois renflé vers le milieu, d'un blanc fauve, entouré de losanges d'un jaune foncé, et accompagnées d'excroissances petites, arrondies et noires. *Chapeau.* Large, épais, convexe, d'une couleur orangée ou de brique. *Tubes.* Blancs, étroits et allongés. *Consistance.* Sa pulpe molle se conserve difficilement, surtout par un temps pluvieux. *Saveur et odeur.* Très-agréables. *Végétation.* On rencontre ce Bolet sur le bord des forêts. *Propriétés.* Cette espèce est plus rare que la précédente. On mange ce Bolet avec plaisir et sans danger, après l'avoir néaumoins laissé macérer dans le vinaigre.

IV. BOLET RUDE. (Pl. 3, fig. O.)

Synonymie. Boletus scaber, Bulliard. — Boletus bovinus, Schœffer. — *Vulg.*, Roussile, Gyrole, Bolet des bœufs.

Caractères botaniques. Pédicule. Plein, de six à sept pouces de hauteur, cylindrique, un peu renflé à sa

base , hérissé de crochets noirâtres , ou de petites émi-
nences qui ressemblent aux dents d'une râpe. *Chapeau*.
De cinq à six pouces de diamètre , charnu , orbiculaire,
rugueux , convexe , ordinairement d'un bistre très-cen-
dré , quelquefois d'un brun de rouille. *Tubes*. Ordinairement blancs , quelquefois grisâtres , ou couleur de
chair, ou jaunâtres. *Chair*. Molasse. *Saveur*. Salée ,
vineuse ou acide , empâtant la bouche. *Végétation*. Ce
Bolet est commun, et on le rencontre de bonne heure
dans les forêts ; il s'élève à la hauteur de six à sept
pouces ; il croît sur la terre , à l'entrée de l'automne.
Propriétés. Quoique la saveur acide qui le distingue dé-
signe un caractère suspect , néanmoins je crois qu'on
peut l'employer sans inconvénient , après lui avoir fait
subir une légère macération dans le vinaigre. Persoon
et plusieurs autres auteurs prétendent qu'on peut le
manger en toute sûreté lorsqu'il est jeune.

v. Bolet hépatique. (Pl. 3, fig. PP.)

Synonymie. Boletus hepaticus , De Candolle , *Fl. fr.*,
297. — Boletus buglossum , *Fl. dan.* — Fistulina bu-
glossoïdes , Bull. — Hypodrys buglossoïdes , Pers. —
Dendrosarcos hepaticus , Paulet. — *Vulg.* , Bolet foie,
Langue ou Foie de bœuf (Paulet) , Langue de chêne ,
Glu de chêne.

Caractères botaniques particuliers. Tubes libres et
non soudés entre eux. *Pédicule*. Latéral , gros et court,
et souvent sessile. *Chapeau*. Charnu et gélatineux , d'un
rouge brun , ayant quelquefois huit à dix pouces de
diamètre. *Surface*. Toujours visqueuse et pustuleuse ,
ou plutôt garnie , dans la jeunesse , de petits mamelons

qui se détachent à mesure que ce Champignon croît, et rendent sa surface lisse. *Chair*. Molasse, épaisse, veinée, rougeâtre et comme rubannée, fibreuse, plus ou moins rouge, ce qui lui donne l'aspect de celle des animaux, ou d'un morceau de foie coupé. *Face inférieure*. Garnie de tubes distincts, séparés les uns des autres, grêles, inégaux, très-nombreux, blancs, puis d'un jaune pâle, et comme déchirés à leur orifice. *Saveur*. Celle de la *betterave cuite*, ou d'un goût vineux légèrement acide. *Odeur*. Peu sensible. *Végétation*. Le Bolet foie végète sur les vieilles souches, le plus ordinairement au pied des vieux chênes. On le trouve en septembre et octobre. *Propriétés*. Ce Bolet offre un mets très-agréable, surtout lorsqu'on peut se le procurer dans l'état de jeunesse ; il se corrompt en peu de temps.

VI. BOLET A TUBES JAUNES. (Pl. 1re, fig. K.)

Synonymie. Boletus chysenteron, De Cand., Bull.— Boletus subtomentosus, Pers., syn., p. 506. — Boletus cupreus, Schœff. Variété β, Boletus lividus, Bull.

Caractères botaniques. Chapeau porté sur un pédicule lisse et central ; tubes adhérens ensemble, et qu'on détache facilement du chapeau. *Pédicule*. Grêle, long de quatre à cinq pouces, ordinairement tortueux, cylindrique, quelquefois aminci, selon Cordier, d'autres fois renflé à sa base et élargi au sommet, jaune ou roussâtre, strié ou réticulé à la partie supérieure. *Chapeau*. Orbiculaire, convexe ; de couleur cendrée, brunâtre ou bronzée, plus claire sur les bords, et de trois ou quatre pouces de diamètre ; souvent il se gerce par compartimens réguliers, et offre une robe écossaise à raies brunes et d'un jaune vif. *Surface inférieure*. Garnie de tubes jaunes, irréguliers, larges, allongés. Ceux qui naissent près du pédicule, selon Cordier, sont presque toujours plus courts, et n'ont point ordinairement une direction perpendiculaire. *Chair*. Molle, cassante et jaunâtre. *Saveur*. Agréable. *Végétation*. Communément dans les bois, à terre, en été et en automne, le plus souvent solitaire. *Propriétés*. On le mange avec plaisir et sans danger.

Observation. Ce Bolet varie beaucoup pour sa forme, sa couleur et ses dimensions. La variété B a les tubes extrêmement courts, et vient dans les lieux marécageux.

VII. Bolet marron. (Pl. 1re, fig. E.)

Synonymie. Boletus castaneus, De Candolle, *Flore française*. — Bulliard, Champ., p. 324, t. 328.

Caractères botaniques. Tubes adhérens ensemble, et qu'on détache facilement du chapeau. *Pédicule*. Lisse, mou, cylindrique, souvent renflé et crevassé à sa base. *Chapeau*. Convexe, semi-orbiculaire, large de deux à trois pouces; de couleur marron, ou rouge brun au centre, jaunâtre vers les bords, et comme velouté à sa surface. *Tubes*. D'un blanc laiteux lors du développement, puis jaunâtres. *Consistance*. Chair molle et cotonneuse. *Odeur*. Peu sensible. *Saveur*. Mucilagineuse, sans parfum. *Végétation*. Il croit à terre, dans les bois, en été et en automne. *Propriétés*. Comestible et assez recherché.

VIII. Bolet pied de mouton noir. (Pl. 3, fig. Q.)

Synonymie. Polyporus , Pes Capræ , Persoon.

Caractères botaniques. Port. Forme d'une coupe garnie de son pied. *Pédicule.* Latéral , court , épais , simple ou divisé , d'une couleur jonquille ou vert jaunâtre , supportant un ou plusieurs chapeaux arrondis , assez épais vers leur insertion avec le pédicule. *Chapeau.* D'un brun rougeâtre tigré de noir et de bistre , les bords réfléchis. *Surface inférieure.* Blanchâtre et ne noircissant pas à l'air. *Tubes.* Ne se séparant point du chapeau , larges , irréguliers et de couleur bistre. *Végétation.* On le trouve dans les Vosges , où M. le docteur Mougeot l'a observé le premier. Il sort de terre en été et en automne , dans les forêts de sapins et autour des bruyères.

Nota. Cette espèce , dit Persoon , acquiert un très-grand volume lorsqu'il y a plusieurs chapeaux sur un même pédicule. On lui a donné le nom de *Pied de mouton noir*, pour le distinguer de l'*Hydnum repandum* de Linné , qu'on appelle vulgairement *Pied de mouton blanc* (pl. IV), et dont il a la forme. Ayant été empoisonné par ce dernier , qu'on dit cependant comestible , j'ai cru devoir le ranger parmi les espèces suspectes , et je conseille de ne manger le *Bolet pied de mouton* qu'avec réserve et après lui avoir fait subir une macération dans le vinaigre.

CHAMPIGNONS COMESTIBLES.

V. Genre HYDNE.

Caractères génériques. Espèces dont les lames prolifères sont remplacées par des pointes, des tubes ou pores tournés vers la terre, cylindriques ou coniques, et à l'extrémité desquelles sont les graines.

1. Hydne hérisson. (Pl. 2, fig. H.)

Synonymie. Hydnum erinaceus, Bull., 3o4, t. 34; De Cand., *Fl. fr.*, 282. — *Vulg.*, la Houpe des arbres, Paulet, t. 2, p. 424.

Caractères botaniques, d'après Palisot de Beauvois. *Pédicule*. Support latéral plus ou moins long, étalé à son extrémité, légèrement convexe, et terminé par une réunion conique, de nombreux appendices ou aiguillons subulés, étagés, semblables aux piquans des hérissons; d'abord blancs, puis roussàtres à mesure que la plante avance en âge. *Consistance*. Tendre et charnue; d'abord blanche, puis jaunâtre. *Saveur*. Celle du Champignon de couche. *Végétation*. Cette espèce croît au printemps et à l'automne, sur des arbres chancreux et malades. On le trouvait autrefois, très-communément, sur les chênes au bois de Boulogne, taillis de dix-huit à vingt ans. *Propriétés*. On assure que cette espèce croît en abondance dans les Vosges, et que les habitans en font un grand usage.

Observation. Il est prudent de n'employer l'Hdyne hérisson que comme les Clavaires, c'est-à-dire confit dans le vinaigre, à l'instar des cornichons. J'ai d'assez fortes preuves de sa nocuité, pour insister sur sa macération dans le vinaigre, qui dissout la partie résineuse qu'il peut contenir.

II. HYDNE CYATHIFORME. (Pl. 2, fig. III.)

Synonymie. Hydnum cyathiforme, Bull. et Schœff., tab. CXXXIX.

Caractères botaniques. *Pédicule*. Court. *Chapeau*. Concave, peluché et zoné, bistre, à bords blancs et irrégulièrement découpés. *Surface extérieure*. Garnie de pointes fines, nombreuses et très-distinctes. *Consistance*. Chair molasse, fibreuse, élastique et difficile à déchirer. *Saveur*. Il a un goût de Champignon un peu sucré. *Végétation*. On trouve ce joli Champignon, en septembre et octobre, dans les bois de haute futaie ; il vient sur la terre, parmi des herbages et des débris de feuilles mortes. Il n'est pas commun. « On le rencontre, dit Bulliard, par groupes de huit, dix et même vingt individus réunis, les uns par leurs bords, les autres par leur partie moyenne, d'autres par leur pédicule. *Propriétés*. Il est comestible.

III. HYDNE RAMEUX. (Pl. 6, fig. EE.)

Synonymie. Hydnum ramosum.

Caractères botaniques, d'après Palisot de Beauvois. Cette espèce croît sur les bois morts ; sa masse totale se divise en plusieurs rameaux terminés par une réunion de plusieurs appendices subulés ; sa couleur est moins blanche que celle de l'Hydne hérisson. On le prépare en achars, ou confit dans le vinaigre.

IV. Hydne tête de Méduse.

Synonymie. Hydnum caput Medusæ, De Candolle, *Flore française*, 281. — Clavaria caput Medusæ, Bulliard, Champ., p. 210, t. 412. — Hericium caput Medusæ, Persoon.

Caractères botaniques. Pédicule. Tronc charnu, court, épais, se terminant par des aiguillons innombrables, fins, simples, pointus, dirigés verticalement, horizontalement, ceux du dessous tout-à-fait pendans, rassemblés en touffes, et groupés sans symétrie. *Couleur.* D'un blanc de lait dans sa jeunesse, et d'un gris sale à un âge plus avancé. *Odeur et saveur.* Agréables. *Végétation.* Cet Hydne croît sur les troncs et bois morts, à la fin de l'été et au commencement de l'automne. *Propriétés.* On en mange considérablement en Italie.

CHAMPIGNONS COMESTIBLES.

VI. Genre HELVELLE.

Caractères génériques. Chapeau pédiculé ou sessile, membraneux, transparent, nu des deux côtés ; plissé, lobé et difforme ; semences à la surface inférieure.

1. Helvelle en mitre. (Pl. 1ʳᵉ, fig. M.)

Synonymie. Helvella mitra, Bulliard. — Variétés : 1° Helvelle blanche, 2° Helvelle fauve, 3° Helvelle brune ou noire.

Caractères botaniques. Pédicule. Long, épais, creux, lacuneux, et réticulé intérieurement et extérieurement; de trois pouces de longueur. *Chapeau.* Se contournant en divers sens, et donnant à ce Champignon la forme d'une mitre, ou plutôt d'un chapeau de prêtre. *Couleur.* L'Helvelle est d'une teinte pâle, ou d'un gris sale, et transparente comme de la cire ou de la gélatine épurée. *Odeur et saveur.* N'ayant rien de désagréable. *Végétation.* Ce Champignon se trouve, en septembre et octobre, sur le bord des bois, par touffes, et principalement dans les endroits ombragés. *Propriétés.* Quoique l'Helvelle ne soit pas vénéneuse, on ne doit la manger qu'après macération dans le vinaigre. La variété blanche, qui est la plus grande, est la plus recherchée comme aliment, elle a le goût de la Morille.

II. Helvelle élastique. (Pl. 1re, fig. 12.)

Synonymie. Helvella elastica, Bull., p. 299, t. 242; De Candolle, 244. — Variétés : A blanche, B brune.

Caractères botaniques. Pédicule. Cylindrique, grêle, fistuleux, uni à sa surface, ou superficiellement ondulé, mais non lacuneux. *Chapeau.* D'un pouce de diamètre, mince, lisse, un peu mitré, et ayant deux ou trois lobes verticaux penchés ou contournés, et dont les bords adhèrent souvent au pédicule. Ce Champignon est d'un blanc jaunâtre quelquefois brunâtre. *Consistance.* Fragile et chair transparente. *Végétation.* Sur le bord des bois. *Propriétés.* Alimentaire.

Observation. On appelle ce Champignon *élastique*, parce que son pédicule étant fendu en deux dans toute sa longueur, donne deux moitiés qui se resserrent sur leurs bords, et prennent chacune la forme cylindrique.

CHAMPIGNONS COMESTIBLES.

VII. Genre MORILLE.

Caractères génériques. Chapeau conique pédiculé, non percé au sommet, mais garni extérieurement de réseaux cellulaires anastomosés, où sont renfermées les graines. Toutes les Morilles viennent à terre.

1. Morille comestible. (Pl. 1re, fig. Q. S. Z.)

Synonymie. Morchella esculenta, De Candolle, *Fl. franc.*, 571. — Phallus esculentus, Schœff., t. 199. — Variétés : 1° blanche, 2° cendrée, 3° brune.

Caractères botaniques. Pédicule. Cylindrique, épais, ordinairement creux à l'intérieur; long de deux pouces, blanc, lisse. *Chapeau.* De forme ovoïde, creusé extérieurement, dans toute sa superficie, d'alvéoles irrégulières, et dont les bords du chapeau adhèrent au pédicule. Ce chapeau est blanc ou grisâtre dans sa jeunesse; il prend ensuite la couleur d'un blanc sale, de bistre foncé, et même noirâtre d'après les variétés. *Odeur et saveur.* Agréables. *Végétation.* On la trouve dans les bois, les prés, les gazons, les fossés en avril et mai. *Propriétés.* Les trois variétés de la Morille comestible offrent un aliment recherché par les gourmets. (*Voyez* l'Introduction, page XXVI, pour la manière de les assaisonner.)

CHAMPIGNONS COMESTIBLES.

VIII. Genre PÉZIZE.

Caractères génériques. Fongus en forme de coupe ; graines recouvrant la partie supérieure ; point de chapeau, ni de pédicule ; surface nue, veineuse, granuleuse.

1. Pézize noire. (Pl. 2, fig. K.)

Synonymie. Peziza nigra , Bull. , p. 238 , t. 46o, f. 1 : De Candolle , *Flore franç.* , 233. — Peziza brunnea, Batsch. — Peziza conica nigra , Hall.

Caractères botaniques. Pédicule. Nul, ce Champignon étant sessile ; d'un pouce de largeur. *Surface supérieure.* D'un brun noirâtre. *Surface inférieure.* De couleur de rouille, peluchée et ridée. *Forme.* Sessile, imitant une soucoupe dans le premier âge ; mais bientôt ses bords s'aplatissent , et la rendent quelquefois bombée. *Consistance.* On la distingue des autres espèces par son tissu gélatineux, visqueux, élastique et épais , et sa couleur noirâtre. *Odeur.* Marécageuse et approchant du Champignon. *Saveur.* Mucilagineuse, puis âcre. *Végétation.* On la trouve au printemps, et surtout en automne, par un temps humide, sur les bois morts , et particulièrement sur les vieux troncs de chêne coupés et exposés aux variations de l'atmosphère, dans les chantiers de bois à brûler, mais jamais, dit Bulliard, sur le bois flotté. *Propriétés.* On peut en manger sans le moindre danger. Les soldats, en Lorraine, en font leur nourriture.

II. Pézize en limaçon. (Pl. 2, fig. M.)

Synonymie. Peziza cochleata, Bull., p. 268, t. 154; De Candolle, *Flore franç.*, 219. — Peziza alutacea, Persoon, syn. Fung,, p. 638. — Fungoïdes auriculata, Vaill.

Caractères botaniques. Pédicule. Nul, comme dans presque toutes les Pézizes. *Partie supérieure.* Concave, et, le plus souvent, percée à son centre d'un large trou qui communique avec la racine. *Partie inférieure.* De même couleur que la surface supérieure. *Couleur.* D'un blanc jaunâtre, puis d'un fauve cendré, et enfin brunâtre. *Consistance.* Cette espèce a la fragilité et la demi-transparence de la cire; elle est mince, toujours partagée en deux lobes latéraux roulés en spirale ou en limaçon, et laisse échapper une poussière fixe par la pression. Cette Pézize a environ deux pouces de largeur sur un pouce de hauteur. *Odeur.* D'œuf pourri. *Saveur.* Aqueuse. *Végétation.* Elle ne vient jamais qu'à terre. On la trouve, en automne, dans les bois et les jardins; le plus souvent par groupes de plusieurs individus. *Propriétés.* On la mange, dit Cordier, dans quelques contrées du nord de la France; mais elles sont peu recherchées, parce qu'elles sont absolument inodores.

III. Pézize pédiculée. (Pl. 2, fig. E.)

Synonymie. Peziza stipata, Elvela hispida, Schœffer, tab. CLXVII.

Caractères botaniques. *Pédicule*. Plein, continu, et long de deux pouces ou environ. *Chapeau*. Plus ou moins concave, lisse en dedans, tomenteux en dehors, et dont les bords sont légèrement frangés et garnis de poils assez apparens. *Couleur*. Noirâtre. *Saveur et odeur*. De punaise assez désagréable. *Végétation*. On la trouve dans les bois, en septembre et octobre ; elle vient à terre. *Propriétés*. Les pauvres gens en mangent, à défaut d'une meilleure nourriture.

IV. PÉZIZE EN CUVETTE. (Pl. 2, fig. N.)

Synonymie. Peziza labellum, Elvela albida, Schœff., tab. CLI.

Caractères botaniques. *Pédicule*. Nul. *Forme*. Dans l'état de jeunesse, elle est arrondie comme un pois ; elle passe successivement, dit Bulliard, à mesure qu'elle avance en âge, de la forme d'un pois ou d'un grelot, à celle d'une écuelle ou d'un cuvette. Dans l'état de vieillesse, on la trouve souvent entièrement aplatie ; elle est très-lisse intérieurement, et velue à l'extérieur, et principalement sur ses bords. *Consistance*. Elle est fragile et d'une substance transparente comme de la cire ; elle n'a pas de racines apparentes. *Saveur*. Elle a un goût un peu salé, mais qui n'est pas désagréable. *Odeur*. Fade. *Végétation*. On trouve communément, à terre, cette Pézize, en septembre et octobre, dans les bois et dans les lieux humides. *Propriétés*. Elle est comestible, mais peu recherchée.

v. Pézize couleur de cire. (Pl. 2 , fig. O.)

Synonymie. Cerea, Bull. — Elvela sautellata, Sch.

Caractères botaniques. Pédicule. Large et peu élevé. *Forme*. Elle est peu constante, même dans son état de jeunesse ; ses bords sont irrégulièrement festonnés ; les vers en sont friands. *Consistance*. Celle de la cire qu'on aurait jetée en moule ; elle est d'une substance égale, et toujours transparente. Cette Pézize ne peut être desséchée, parce qu'elle est de nature aqueuse. *Odeur et saveur*. Insipides aux deux sens de l'odorat et du goût. *Végétation*. On trouve communément cette Pézize dans les jardins, sur les couches, dans les caisses à fleurs, et dans les serres chaudes, où elle paraît pendant toute l'année. *Propriétés*. Elle est comestible, mais peu recherchée.

CHAMPIGNONS COMESTIBLES.

IX. Genre TRUFFE.

Caractères génériques. Plante souterraine, tuberculeuse à l'intérieur, compacte, charnue, marbrée ou veinée, et ne contenant jamais de poussière.

1. Truffe comestible. (Pl. 3ᵉ, fig. R.)

Synonymie. Tuber cibarium, De Candolle, *Flore franç.*, 747. — Tuber nigrum, Bull., p. 74, t. 356.— *Vulgairement*, Truffe noire, Truffe d'hiver, Paulet.

Caractères botaniques. Pédicule. Nul. *Forme.* Fongosité irrégulièrement arrondie, de couleur noirâtre, sans racines, dont la surface est remplie de petites aspérités prismatiques, crevassée à sa maturité, de la grosseur d'un œuf, et souvent plus considérable. *Couleur.* Elle varie d'un brun violet au brun cendré et au noir. A l'intérieur, la Truffe est blanchâtre dans la jeunesse, brune, avec des lignes d'un blanc roussâtre disposées en réseaux à la maturité. *Chair.* Ferme. *Odeur.* Pénétrante et agréable. *Saveur.* Exquise. *Végétation.* On trouve la Truffe comestible à la profondeur de trois à quatre pouces, dans les terrains légers et sablonneux, particulièrement dans les forêts plantées en chènes ou en châtaigniers, du Périgord et de l'Angoumois; elle est en pleine maturité en automne. *Propriétés.* Les Truffes offrent à la sensualité des gourmets un aliment très-recherché, surtout comme condiment.

Observation. Selon le rédacteur du journal *le Figaro* (n° 49, dimanche 4 mars 1827), le mot *truffe* est tiré du verbe grec τρυφάω, *in deliciis vivo* (je vis dans les délices). Selon lui, c'est un végétal engendré dans le sein de la terre à la suite de coups de tonnerre, de pluies d'orage et de débordemens de rivière!!! Oublions cette erreur accréditée par le peuple, pour adopter des suppositions au moins raisonnables. Les Truffes, d'après des observations microscopiques faites par Turpin, sont produites par des corpuscules nés dans l'intérieur de leur substance. Un membre de la Société Linéenne de Paris, au contraire, pendant ma présidence, a cru reconnaître l'existence de sporules séminifères. Cet observateur judicieux continue ses expériences avec assiduité, et tout porte à croire qu'on pourra lui devoir la multiplication, par la culture, de cette production rare et délicieuse.

Il y a deux variétés de la Truffe, la blanche et la grise, que Paulet appelle *Truffe à l'ail*. Cette dernière est de couleur grise, ronde, lisse, sans racines, et de la grosseur d'un œuf de pigeon; sa chair est ferme et comme savonneuse, de couleur gris pâle, quelquefois rousse; elle exhale une forte odeur d'ail; elle croît sous terre, dans les forêts sablonneuses. On la trouve en automne; elle est comestible, et employée surtout comme assaisonnement; elle a beaucoup de rapports avec la *Truffe blanche des Antilles* (*Tubera candida Antillarum*), qui est d'une saveur exquise.

CHAMPIGNONS COMESTIBLES.

X. Genre TREMELLE.

Caractères génériques. Expansion gélatineuse, de forme irrégulière ; graines répandues sur toute la surface ; point de chapeau.

1. Tremelle orangée. (Pl. 2, fig. R.)

Synonymie. Tremella chrysocoma, Bull. — Tremella nostoc, L. S. P., Crypt. alg., 1625. — Nostoc cœliflorum, Vaillant. —*Vulg.*, Nostoc, Rosée du ciel.

Caractères botaniques. Pédicule. Nul. *Forme.* Substance gélatineuse, transparente, gaufrée, ou plissée diversement, qui se dessèche facilement, et conserve, dit Bulliard, la faculté de reprendre sa première forme lorsqu'on la met dans l'eau. *Couleur.* Espèce sujette à varier du blanc au jaune doré. *Saveur.* Mucilagineuse. *Odeur.* Du frai de grenouilles, et nullement comparable à celle du Champignon. *Végétation.* On trouve cette substance, en été et en automne, dans les bois, les lieux humides, les grandes allées des parcs, sur de vieilles souches à demi pourries. *Propriétés.* Comestible, surtout en achars. *Reproduction.* On a été longtemps indécis sur la manière dont se multipliait cette plante ; mais il est constant qu'elle se reproduit par les graines ou sporules imperceptibles dont sa surface est recouverte.

Variété A. — II. TREMELLE VERTE. (Pl. 2, fig. S.)

Synonymie. Tremella atro-virens, Bull.

Cette production gélatineuse, qui ne diffère de la *Tremelle orangée* que par sa couleur, croît, en été et en automne, après les pluies, sur la terre, dans les chemins et terrains humides ; elle disparaît dans les temps secs, et paraît de nouveau plusieurs fois lorsqu'il revient de nouvelles pluies, pourvu, dit Bulliard, que les chemins n'aient pas été trop battus depuis sa première apparition. *Propriétés.* Celles de la Tremelle orangée.

Variété B. — III. TREMELLE MÉSENTÈRE VIOLETTE OU VERTICALE. (Pl. 2, fig. T.)

Synonymie. Tremella mesenteri-formis, De Cand., *Flore franç.*, 240; Bull., t. 174 et 499. — Tremella verticalis, Bull.

Il y a de cette espèce les variétés *blanche, jaune, livide* et *violette*, dont il est ici question.

Cette plante, gélatineuse, élastique et consistante, toujours plissée et partagée en plusieurs lobes plus ou moins plissés, ressemble au mésentère ou à une fraise de veau, et varie de couleurs. La variété blanche devient bistrée ; la variété jaune passe à la couleur de rouille (c'est la plus commune) ; la variété livide, d'abord blanchâtre, passe à la couleur de chair, et arrive périodiquement au rouge bistré ; la variété violette est d'abord de cette teinte plus ou moins foncée , et finit par devenir brune ou noire ; elle croît sur les bois morts, et on la trouve toute l'année. *Propriétés*. Alimentaire. Bulliard , en mettant infuser cette substance dans l'eau froide , a obtenu une couleur bistre rougeâtre très - solide , et par l'ébullition une couleur plus foncée.

CHAMPIGNONS COMESTIBLES.

XI. Genre CLAVAIRE.

Caractères génériques. Expansion fongueuse, charnue, pédiculée, allongée, nue, simple ou rameuse ; graines répandues sur la superficie hors le pédicule ; point de chapeau ; croissant à terre.

1. Clavaire jaune, ou Coralloïde. (Pl. 2, fig. U.)

Synonymie. Clavaria coralloïdes, De Cand., *Flore franç.*, 262 ; Bull., p. 201 et 496, f. 3. — Variétés blanche et jaune. — *Vulg.*, Barbe de chèvre, Barbe de bouc, Mainotte, Tripette, Ganteline, Cheveline, Balai, Buisson, Bouquinbarde, Gallinette, Poule, Pied de coq, etc. (Cordier.)

Caractères botaniques. Pédicules. Simple, large, et plus souvent divisé en un très-grand nombre de rameaux à surface ondulée, cylindriques, pleins et fragiles, qui imitent les branches du corail. *Forme.* Tantôt, dit Bulliard, ces ramifications sont courtes, serrées les unes contre les autres ; tantôt elles sont très-allongées, très-diffuses ; tantôt elles se terminent par étages, tantôt à la même hauteur ; le plus souvent elles partent d'un tronc assez gros, quelquefois elles sont divisées jusqu'à la racine. *Couleur.* La Clavaire coralloïde ne varie pas seule-

ment de formes, mais encore par sa couleur, qui tantôt
est d'un blanc de lait, tantôt d'un jaune paille, tantôt
d'un jaune plus foncé, tirant même quelquefois sur le
rouge, etc. *Odeur*. Peu sensible. *Végétation*. Ce Champignon, qui s'élève à la hauteur de deux à quatre pouces,
vient à terre, dans les forêts ; on le trouve en automne. *Propriétés*. Ce Champignon est un des meilleurs
à manger que nous ayons, et on le sert sur les tables
somptueuses, comme sur celles du modeste laboureur.
Il est très-commun dans les endroits qui favorisent sa
végétation. Il faut le cueillir jeune, car plus tard il est
moins facile à digérer ; il est excellent en achars.

Observation. Bulliard a découvert le premier que si
l'on expose cette végétation sur une glace, les ramifications ne tardent pas à s'y dessécher dans toute leur
longueur, en y déposant une poussière très-fine qu'on
reconnaît, à la loupe, être les graines de ce Champignon.

11. Clavaire pistillaire. (Pl. 2, fig. Y.)

Synonymie. Clavaria pistillaris, L. S. P., Crypt.
fung., 1651 ; Michel, tab. 87, fig. 1, 2, 3.

Caractères botaniques. *Pédicule*. Cylindrique, droit
ou contourné. *Forme*. D'une massue, Champignon toujours plein. *Couleur*. Dans l'état de jeunesse, il est jaunâtre ; à mesure qu'il avance en âge, il prend une couleur bistrée, se ride et se divise irrégulièrement dans
le haut, et parvient à avoir jusqu'à quatre pouces de
hauteur sur deux de diamètre. *Chair*. Molasse et fibreuse,
blanche. *Odeur*. Nulle. *Saveur*. Amère et désagréable
au goût. *Végétation*. On rencontre cette Clavaire, en

septembre et octobre , dans les bois de haute-futaie ; elle n'est pas commune ; elle se reproduit par une poussière séminale imperceptible , mais qu'on reçoit en la laissant dessécher sur du papier blanc. *Propriétés*. Les paysans russes et polonais et ceux de l'Allemagne mangent cette Clavaire , mais elle n'est pas savoureuse.

III. **Clavaire cornue**. (Pl. 2 , fig. V.)

Synonymie. Clavaria cornuta , Bull. , *Flore franç.* — Clavaria hypoxylon , L. S. P. , Crypt. fung. , 1652 ; Michel , t. l. v. f. 1.

Caractères botaniques. Pédicule. Allongé et souvent rameux. *Forme.* Etant jeune , elle est simple ; mais , à mesure qu'elle avance en âge , cette Clavaire se ramifie ; ses extrémités sont blanches et tomenteuses ; elles s'a-platissent , et prennent souvent la forme de cornes de renne ; tout le reste de la plante est recouvert de poils assez longs , très-distincts et d'un noir foncé. « Lors-qu'on la coupe en travers , dit Bulliard , on voit qu'elle est pleine. » *Consistance.* Subéreuse ou de liége. Elle n'a pas de loges séminales , comme la *Clavaire digitée. Vé-gétation.* On trouve la *Clavaire cornue* sur le bois mort , sur les pieux , les palissades des jardins , etc. *Pro-priétés.* On la mange en la faisant cuire avec des épi-nards ou de l'oseille ; elle est peu recherchée.

IV. **Clavaire digitée** (Pl. 2 , fig. X.)

Synonymie. Clavaria digitata , L. S. P. , Crypt. fung. , 1652 ; Michel , Bull. , pl. 220. — *Vulg.* , Mainotte noire , Ganteline (en Normandie et en Franche-Comté).

Caractères botaniques. Pédicule. Simple et rameux.

Substance. Subéreuse et compacte. *Forme*. Dans l'état de jeunesse, les extrémités de ses rameaux sont d'un blanc grisâtre, tomenteuses, et ne sont pas aplaties, comme dans la *Clavaire cornue*; elles disparaissent dans un âge avancé. *Superficie*. Raboteuse comme du chagrin, mais jamais velue, quelque jeune que soit l'individu. *Organes de la reproduction*. « Pour peu qu'on l'entame avec un couteau, dit Bulliard, les loges séminales, dont elle est recouverte entièrement, paraissent, ce qui n'arrive pas dans la *Clavaire cornue* dont les loges ne sont pas apparentes, ou plutôt ne sont perceptibles qu'après la chute des poils qui la recouvraient. *Saveur et odeur*. Peu sensibles et indéfinissables. *Végétation*. On trouve cette Clavaire sur les bois pourris, dans le creux des arbres, sur de vieilles souches. *Propriétés*. Elle est alimentaire.

DEUXIÈME PARTIE.

CHAMPIGNONS SUSPECTS.

I. Genre AGARIC.

1. Agaric blanc d'ivoire. (Pl. 4, fig. A.) (Persoon, *Gymnopes*).

Synonymie. Agaricus eburneus, Bull. — De Cand. Agaricus nitens, Sowerby, Fung., t. LXXI. — Agaricus jozzolus, Scopoli. (Cordier.)

Caractères botaniques. Pédicule. Plein, cylindrique, quelquefois un peu écailleux à son sommet. *Chapeau.* Tout-à-fait blanc, d'abord convexe, puis horizontal; enfin concave et enduit d'une liqueur gluante semblable à du blanc d'œuf, surtout par un temps de pluie. *Feuillets.* Blancs, étroits, inégaux, un peu décurrens sur le pédicule, et terminés en pointe des deux côtés. *Odeur.* Peu déterminée. *Saveur.* Très-agréable. *Végétation.* Il croît en abondance dans les bois pendant l'automne. *Propriétés.* Quoiqu'il ne soit pas désagréable au goût, dit le docteur Roques, je ne crois pas qu'on puisse le manger avec sécurité.

Observation. Ce Champignon, au rapport de Bulliard, est le seul de sa couleur; on croirait, dit-il, voir un morceau d'ivoire qui aurait reçu des mains de l'ouvrier le plus beau poli.

II. Agaric couleur de rose. (Pl. 4, fig. B.)

Synonymie. Agaricus roseus, Bulliard ; Schœff., tab. LXXV.

Caractères botaniques. Pédicule. Continu et fistuleux d'un bout à l'autre. *Chapeau.* Toujours sensiblement strié vers ses bords, et mamelonné à son centre ; superficie humide ; peu de chair d'après son volume. *Lames.* Rares, larges, inégales, composées de deux lames distinctes entre deux feuillets entiers ; on trouve ordinairement un demi-feuillet et deux parties de feuillets ; les feuillets entiers sont libres. *Saveur.* Goût terreux. *Odeur.* Légère de Champignon. *Végétation.* On trouve communément ce Champignon dans les forêts en automne ; il varie du rose au blanc. Il y a des terrains, dit Bulliard, où il ne vient pas gros. *Propriétés.* Ce Champignon passe, dans certain pays, pour être vénéneux.

III. Agaric turbiné. (Pl. 4, fig. C.)

Synonymie. Agaricus turbinatus, Bull.

Caractère générique. Genre des Cortinaires de Persoon. Champignons suspects dont le caractère est d'être dépourvu de volva ; d'avoir, en naissant, les feuillets recouverts d'une membrane incomplète qui laisse sur le pédicule un collier soyeux.

Caractères botaniques. Port. Peu élevé, chapeau large. *Pédicule.* Gros, sans collet, mais muni d'un anneau arachnoïde de quatre à cinq pouces de hauteur,

renflé à sa base en forme de toupie rougeâtre. *Chapeau.*
Charnu, convexe, puis aplati, de six à huit pouces de diamètre ; superficie sèche, susceptible d'être pelée, de
couleur jaune ocracé avec une large tache brune, à rayons
divergens au milieu. Les bords rayés de bistre. *Chair.*
D'une amertume extrême, ferme et continue avec celle
du pédicule. *Feuillets.* Rougeâtres, très-nombreux et
divisés en trois dimensions différentes ; ceux entiers se
terminent en pointe aux deux extrémités et sont continus avec le pédicule, sans y être décurrens. *Odeur.*
Très-agréable. *Goût.* Agréable, mais très-amer. *Végé-*
tation. On le trouve en septembre et en octobre dans
les bois de haute futaie, où il croît solitaire. *Propriétés.*
Quoique plusieurs auteurs croient qu'on pourrait le manger sans en être incommodé, je pense qu'il vaut mieux
s'en abstenir.

IV. Agaric écailleux. (Pl. 5, fig. A.)

Synonymie. Agaricus squammosus, Bull., t. 266. —
De Candolle, *Flore française*, vol. ii, p. 201.

Caractères botaniques. Pédicule. Plein, cylindrique,
mou dans le centre, revêtu d'écailles peluchées dans
toute la partie qui était à nu dans son premier âge ;
glabre dans la partie découverte par le chapeau dans sa
jeunesse. Ses écailles forment une espèce d'anneau vers
le haut du pédicule. *Chapeau.* D'abord hémisphérique,
puis convexe ou souvent un peu protubérant à son
centre, tout hérissé d'écailles peluchées ; un peu cilié
sur ses bords, large de quatre à cinq pouces ; d'un fauve
foncé, ainsi que tout le Champignon, à l'exception du
pédicule. *Feuillets.* Fauves, inégaux, nombreux, on-

duleux, non décurrens. *Saveur et odeur.* De l'Agaric comestible. *Végétation.* Ce Champignon croît en automne dans les bois et sur les vieilles souches. *Propriétés.* On le croit comestible, mais j'engage à n'en faire usage qu'après l'avoir fait macérer dans le vinaigre, et l'avoir dépouillé de ses feuillets.

v. Agaric chatain ou marron. (Pl. 4, fig. D.)

Synonymie. Agaricus castaneus, Bull., pl. 168. — (Persoon, genre des Cortinaires.)

Caractères botaniques. Pédicule. Blanchâtre, long d'un à deux pouces, mince, cylindrique, un peu courbe, plein, muni d'un collier aranéeux peu apparent. *Chapeau.* Large de deux pouces, de couleur bistre ou de châtaigne, quelquefois blanchâtre sur ses bords, peu charnu, lisse, convexe ou campanulé, souvent concave dans la vieillesse par le redressement des bords. *Lames.* De la couleur du chapeau, libres, nombreuses, inégales. *Odeur.* Faible. *Saveur.* Agréable. *Végétation.* On rencontre cet Agaric assez communément en été et en automne, dans les bois, à terre, le plus souvent au pied des arbres, et par touffes peu considérables. *Propriétés.* Le docteur Persoon le croit alimentaire. Les Italiens mangent ce Champignon après lui avoir fait subir une préparation, mais on cite sous ce beau climat beaucoup de cas d'empoisonnement par les Champignons ; ainsi j'invite à être circonspect sur son usage, surtout en France.

vi. Agaric raboteux. (Pl. 4, fig. EE.)

Synonymie. Agaricus squarrosus, Persoon, 268. —

Agaricus floccosus, Curt., *Flor. Lond.*, t. 264. —
Schœff, t. 61.

Variété B. Agaricus aurivellus, Pers.— Agaricus
filamentosus, Lam., vol. 1, n° 8.

Caractères botaniques. Pédicule. Selon son lieu natal,
c'est-à-dire tantôt très-droit, tantôt courbé et ascen-
dant, entouré d'un anneau fort petit, raboteux. *Chapeau.* Convexe, ordinairement large de trois pouces,
jaunâtre, surmonté d'un mamelon peu sensible, d'une
consistance ferme, parsemé d'écailles brunes ou blanches, raboteuses ou soyeuses. *Lames.* Fines, d'abord
d'une couleur pâle, puis plus foncée. *Odeur.* De bois
pourri. *Saveur.* Astringente. *Végétation.* Cet Agaric
croît en automne sur le tronc des arbres et les bois
équarris, et particulièrement sur les chênes. *Propriétés.*
Je ne le crois pas comestible.

Nota. Dans la variété B que nous décrivons ici, les
pédicules sont nus ; le chapeau tronqué et couvert de
petits flocons un peu déchirés.

VII. Agaric a gros pédicule. (Pl. 4 , fig. F.)

Synonymie. Agaricus macropus, Persoon.

Caractères botaniques. Pédicule. Ferme, très-gros,
tordu, fibreux, blanchâtre ou jaune ocracé, de
deux à cinq pouces, épais d'un pouce, écailleux vers
son sommet, muni d'un anneau blanc. *Chapeau.* Charnu,
convexe, réfléchi à ses bords, large de trois pouces,
ridé dans son milieu, parsemé de petites écailles blanchâtres, et comme pileuses. *Lames.* Blanches ou d'un
jaune cannelle, un peu ventrues, presque crénelées et

le plus souvent rongées par les limaçons. *Odeur*. De bois pourri. *Saveur*. Fade. *Végétation*. On le trouve dans les forêts plantées en pins. *Propriétés*. Je ne le crois pas comestible.

VIII. AGARIC TORTU. (Pl. 5 , fig. BB.)

Synonymie. Agaricus contortus , Bull. — Amanita contorta de l'*Encycl. par ordre de matières.*

Caractères botaniques. Pédicule. Toujours tortu en spirale , rarement fistuleux , si ce n'est dans les vieux individus , trois fois aussi long que le diamètre du chapeau , et d'un roux brun comme lui. *Chapeau*. Assez régulièrement arrondi , surtout dans la jeunesse , mamelonnés ; la superficie sèche excepté en ses bords , qui paraissent gaudronnés , dit Bulliard. *Feuillets.* Blancs , minces , fragiles , rarement entiers , formant un bourrelet autour du pédicule auquel ils ne sont point attachés. *Odeur et saveur*. Agréables. *Végétation*. Il naît de la même racine qui est chevelue et de couleur noire , une vingtaine de ces Champignons disposés en un faisceau serré. Ils croissent au pied des arbres , dans les forêts , en juin et juillet. *Propriétés*. Je ne le crois pas très-malfaisant , mais de très-difficile digestion , et je conseille de s'en abstenir.

IX. AGARIC ODORANT. (Pl. 4 , fig. G.)

Synonymie. Agaricus odorus , Bull., D. C. et Sowerb. — Agaricus anisatus , Persoon , p. 210. Gymnopes.

Caractères botaniques. Pédicule. Long d'environ deux pouces , blanc ou bleu verdâtre , nu , plein , cylindrique , un peu dilaté au sommet , quelquefois flexueux. *Cha-*

peau. De trois pouces de diamètre, charnu, oblong, presque plan et d'une couleur gris bleuâtre ; superficie sèche et susceptible d'ête pelée. *Feuillets*. Blancs, un peu décurrens sur le pédicule. *Odeur*. Forte, pénétrante et analogue à celle de l'anis combiné avec le gérofle. *Saveur*. Très-agréable. *Végétation*. Ce Champignon croit par groupes dans les bois de pins, sur des feuilles mortes. On le rencontre en août et septembre par groupes peu nombreux, et le plus souvent solitaire. *Propriétés*. Bulliard le croit comestible, mais sa saveur et son odeur exaltées, dit le docteur Roques dont j'approuve la prudence, annoncent des qualités suspectes.

X. AGARIC A TÊTE BLANCHE. (Pl. 4, fig. H.)

Synonymie. Agaricus leucocephalus, Bull. — De Cand. ; Persoon. (Gymnopes.)

Caractères botaniques. *Pédicule*. Blanc, cylindrique, long de trois à quatre pouces. *Chapeau*. Ce Champignon, dit Roques, est tout-à-fait blanc en naissant, mais le disque du chapeau devient ensuite un peu jaunâtre ou fauve : ce chapeau, d'une dimension moyenne, est campanulé, un peu aplati, souvent légèrement sinueux à la circonférence. *Lames*. Blanches, nombreuses, minces, un peu adhérentes. *Saveur*. D'une amertume extrême. *Odeur*. Peu pénétrante. *Végétation*. Il croit dans les bois en été et en automne. *Propriétés*. Il est imprudent, je crois, de l'employer comme aliment.

Nota. L'*Agaricus picreus* de Persoon, qui communique la même àcreté et la même amertume, se distingue par un chapeau d'un jaune cannelle, des lames échancrées et de couleur de rouille. Ce Champignon suspect, dit Roques, naît par groupes sur le tronc des arbres.

L'*Agaricus graveolens* du même auteur offre les mêmes résultats à la dégustation ; son chapeau est charnu, fortement sillonné à sa surface, d'un gris foncé, presque fuligineux. Ses feuillets sont nombreux, inégaux, d'une couleur blanchâtre. Il croît sur les gazons, et il répand une odeur presque virulente.

xi. Agaric alliacé ou a odeur d'ail. (Pl. 4, fig. II.)

Synonymie. Agaricus alliaceus, Persoon (genre Mycènes). Bull., t. 158 et t. 524.—De Cand., *Fl. franç.*, 423.

Caractères botaniques. Pédicule. Plein, tomenteux dans le haut, et velu ou drapé dans le bas, et surtout à son insertion sur les feuilles ; il est remarquable par son épaisseur qui va toujours en augmentant depuis le chapeau jusqu'à la base. *Chapeau.* A superficie sèche, d'un roux grisâtre, inégale ; plan ou convexe, quelquefois bosselé au centre ; large d'un pouce et demi environ, d'abord blanchâtre ou jaunâtre, puis de couleur rousse, souvent tacheté de bandes rayonnantes : il a peu de chair ; les bords sont légèrement striés et un peu ondulés. *Feuillets.* Blancs, en petit nombre, et entre deux feuillets entiers, toujours trois à cinq parties de feuillets. Ceux qui sont entiers sont libres, mais moins sensiblement séparés du pédicule dans l'état de jeunesse que dans l'état de vieillesse. *Odeur et saveur.* De l'ail cultivé. *Végétation.* On trouve assez communément ce Champignon dans les bois humides vers la fin de l'automne, et végétant

sur les feuilles de Chêne tombées à terre et desséchées ou en putréfaction. *Propriétés*. Persoon le croit
tellement comestible qu'il pense que ce Champignon
pourrait servir d'assaisonnement. Je crois néanmoins
qu'il est plus prudent de s'en abstenir.

XII. AGARIC A LAIT DOUX. (Pl. 9 , fig. U.)

Synonymie. Agaricus subdulcis , Persoon. — *Vulg.*,
Rougeole à lait doux, Paulet. Agaric douceâtre de Cordier , p. 168. — Agaricus rubescens , Schœff.

Variétés A. Sans zônes , Bull. , t. 224, f. A , B.

 B. A zônes , Bull. , t. 224, f. C.

 C. Roux , châtain , Agaric camphré , Bull.,
 t. 567, f. 1.

Caractères botaniques. *Pédicule*. Nu , cylindrique ,
droit ou courbe , plus ou moins gros suivant les variétés ; glabre d'abord , plein ensuite , creusé , long de deux
pouces, épais de trois à quatre lignes , de la couleur
du chapeau. *Chapeau*. Large de trois pouces , d'abord
conique , puis plan et enfin concave , à bords ondu-
leux et à superficie sèche , de couleur fauve-rougeâtre ,
quelquefois marqué de zônes noirâtres. *Feuillets*. Inégaux , presque incarnats , adhérens au pédicule. *Chair*.
Cassante et laissant découler un suc laiteux blanc ,
abondant , douceâtre dans les individus adultes. *Végétation*. On trouve ce Champignon dans les friches et
les endroits découverts des bois. *Propriétés*. Bulliard ,
Persoon et Cordier croient cette espèce comestible ; ce
dernier prétend même en avoir mangé cru sans en être
incommodé ; mais comme ces mêmes auteurs ajoutent

que son suc acquiert une qualité acrimonieuse, lorsque la plante est parvenue à son entier développement, je crois plus prudent de s'en abstenir, d'autant que sous telle ou telle influence atmosphérique, ou à telle exposition, il peut acquérir des propriétés délétères. Il est une autre espèce qui lui ressemble, c'est l'Agaric à lait doux. (Pl. 4, fig. J.)

Agaricus lactifluus de Linné, également nommé Rougeole à lait doux par le docteur Paulet, et dont voici les caractères : *Pédicule*. Rond et plein. *Chapeau*. D'un rouge de brique foncé, un peu protubérant au centre. *Lames*. Blanches ou roussâtres. *Substance*. Chair fine, cassante et délicate. *Suc*. Laiteux, doux et très-abondant. *Végétation*. Ce Champignon, dit Roques, croît abondamment dans les Vosges, en Bavière, en Autriche, où l'on en fait un fréquent usage, et on peut le manger sans inconvénient. Sa qualité laiteuse me le rendant suspect, je crois plus prudent de ne le manger qu'après lui avoir fait subir la macération dans l'eau salée ou le vinaigre.

XIII. Agaric atramentaire a encre. (Pl. 4, fig. K.)

Synonymie. Agaricus atramentarius, Bull., t. 164. —Vaill., t. 12, f. 10 et 11. (Genre Coprinus de Persoon.)

Caractères botaniques. *Pédicule*. Satiné, blanc, nu, cylindrique, creux, long de cinq à six pouces, continu avec la chair du chapeau qui est mince, d'abord sphérique, puis en forme de cloche allongée, large de deux pouces, à bords sinueux et striés; sa superficie est toujours visqueuse et d'un jaune fauve pâle, pointillée au sommet de taches roussâtres. Les *feuillets* sont inégaux, formés d'une lame repliée sur elle-même, blancs, puis de couleur bistre, séparés du pédicule. *Substance.* Ce Champignon, parvenu à son accroissement, se dissout en une liqueur noire. *Saveur et odeur.* Quand ce Champignon est jeune, il n'est désagréable ni au goût ni à l'odorat, mais en vieillissant il prend une odeur de pourri. *Végétation.* On le trouve en automne dans les lieux humides, les prairies, le bord des allées, des gazons, par groupes de vingt à trente individus; Bulliard qui l'a observé un des premiers, reconnaît que ce Champignon se fond en une eau noire avec laquelle il a fait une encre bonne pour le lavis; elle porte la gomme, mais il faut la filtrer. *Propriétés.* Il n'est pas comestible.

XIV. Agaric micacé. (Pl. 4, fig. L.)

Synonymie. Agaricus micaceus, Bull., t. 565. — Schœff., tab. XVII. — (Genre Coprinus de Persoon.)

Caractères botaniques. Pédicule. Contigu et fistuleux dans toute sa longueur. *Chapeau* remarquable par des stries longitudinales qui s'affaiblissent à mesure qu'elles approchent de son sommet ; sa superficie est toujours humide et parsemée, ainsi que la surface externe des feuillets, de petits brillans qui ressemblent à du verre pilé ou à du mica réduit en poudre ; il n'a presque pas de chair. *Feuillets.* Libres, très-multipliés, blancs dans l'état de jeunesse, et noirâtres dans la vieillesse; une seule membrane les forme tous. *Saveur et odeur.* Nullement désagréables. *Consistance.* Il se fond en une eau noire comme l'Agaric atramentaire. *Végétation.* Ce

Champignon est commun à la lisière des bois humides, sur le bord des allées des parcs, dans les champs, les prés, les jardins, où il reparaît trois ou quatre fois l'année dans la même place. *Propriétés.* Il n'est point comestible; l'eau de ce Champignon, qui est de la même famille que l'Agaric atramentaire, efface l'écriture ordinaire.

XV. AGARIC PIE. (Pl. 4, fig. M.)

Synonymie. Agaricus picaceus, Bull., t. 206. (Persoon, genre Coprinus.)

Caractères botaniques. Pédicule. Contigu, fistuleux, n'ayant ni le filet interne, ni l'anneau que l'on remarque dans l'Agaric masse. *Chapeau.* Dans l'état de jeunesse ce Champignon est ovoïde, entièrement recouvert d'une peau blanche, transparente, mince, susceptible d'être détachée, et offrant des déchiremens à mesure que le Champignon avance en âge, époque où cette peau se fend en travers et laisse à nu des feuillets très-multipliés et formés d'une membrane comme pliée en long. Si l'on observe ces feuillets et les parties de feuillets à une forte loupe, la surface qui regarde le pédicule paraît comme chagrinée et chargée de poussière. *Feuillets.* Roux à la superficie et blancs intérieurement. *Consistance.* Ce Champignon est de peu de durée et se fond en une eau noire comme de l'encre. *Odeur et saveur.* Désagréables. *Végétation.* Ce Champignon se trouve communément dans les lieux humides et où l'on rencontre des tas de fumier, ou autres végétaux en putréfaction. *Propriétés.* Non comestible.

XVI. Agaric masse. (Pl. 4, fig. M.)

Synonymie. Fungus typhoïdes, Vaill., p. 72.—Agaricus porcellaneus, Schœff., tab. XLVI et XLVII. Schmid., t. X. (Persoon, genre Coprinus.) Agaricus fimetarius, Lin., *Fl. fr.*, 1281, 33.

Caractères botaniques. Pédicule. Plein dans sa jeunesse, creux dans sa vieillesse, et renfermant un filet cotonneux attaché à ses deux extrémités; ce pédicule est muni d'un collet libre qui représente, dit Bulliard, un anneau sur sa tringle; il a depuis cinq jusqu'à onze pouces de hauteur. *Chapeau.* Ovoïde et peluché dans sa jeunesse, se développant à mesure qu'il avance en âge, et prenant la forme d'une cloche; dans la vieillesse il se déchire; ses lambeaux se roulent sur eux-mêmes, se pourrissent, et se convertissent en une matière noire comme l'encre; toute sa superficie est peluchée par étages à tous les âges. *Feuillets.* Entiers et très-nombreux, de couleur noirâtre. *Chair.* Peu épaisse. *Saveur.* De Champignon de couche. *Odeur.* Infecte en vieillissant. *Végétation.* On le trouve en août et en septembre dans les bois humides, dans les allées des parcs ou des jardins, dans les cours et dans les cimetières. *Propriétés.* On ne le mange pas.

M. Letellier, dans son enthousiasme pour les Champignons, dit avoir mangé l'*Agaricus typhoïdes* en *deliquium*, mais il ajoute que l'emploi prolongé de ces Agarics pourrait exposer à des rapports fétides, à la difficulté des digestions, et peut-être à des symptômes scorbutiques.

XVII. **Agaric éteignoir.** (Pl. 9, fig. BBB.)

Synonymie. Agaricus extinctorius. (Persoon, genre Coprinus.)

Caractères botaniques. Pédicule. Muni de petites racines brunes, et s'élevant à la hauteur de cinq pouces sur un demi-pouce d'épaisseur, nu, un peu bulbeux, cylindrique, subulé à son sommet. *Chapeau*. En cloche allongée, d'un gris argenté, entier et ovoïde au premier âge, déchiré à ses bords un peu plus tard, enfin se recoquillant au moment de sa décomposition. *Lames*. D'abord d'un blanc éblouissant, elles deviennent brunes et se réduisent en un liquide de même couleur. *Odeur*. Infecte lorsqu'il est vieux. *Végétation*. Il croît tantôt solitaire, tantôt par groupes dans les terrains sablonneux, sur le bord des allées. *Propriétés*. Il répugne à la vue et n'est pas comestible.

XVIII. **Agaric a tête conique.** (Pl. 9, fig. CC.)

Synonymie. Agaricus conocephalus, Bull.—Agaricus subsolitarius, pileo campanulato-conico, cinereo-livido, striato; lamellis liberis, obscurè rufis; stipite nudo, longo, albido, Bull., tab. 563, f. 1. (Persoon, p. 427, genre Coprinus.)

Caractères botaniques. Pédicule. Nu, blanchâtre et roux, long de trois à cinq pouces, épais de trois à cinq lignes, cylindrique, fistuleux. *Chapeau*. D'abord conique, puis convexe, puis plan, de couleur rousse, jaune ou blanchâtre, marqué de plis ou de stries profondes, divergentes. *Feuillets*. Larges, libres, inégaux;

d'abord d'un jaune pâle , puis d'un brun enfumé. *Odeur*. Infecte en vieillissant. *Saveur*. Désagréable. *Végétation*. Ce Champignon , quoique d'une consistance plus solide que les trois espèces qui précèdent , se résout néanmoins en une eau noire. Il croît solitaire dans les prés , les jardins et les bois ; il vient à terre. *Propriétés*. Non comestible.

XIX. Agaric radiqueux. (Pl. 5 , fig. CCC.)

Synonymie. Agaricus radicosus , Bull.

Caractères botaniques. *Pédicule*. Continu , toujours peluché jusqu'au collet , et remarquable par une racine très-considérable qui s'enfonce profondément en terre , et qui est toujours garnie de longues fibrilles radicales ; on trouve souvent , dit Bulliard , vers l'extrémité inférieure de sa racine , un ou plusieurs petits Champignons de la même espèce. *Chapeau*. Ovoïde étant jeune , mais à mesure qu'il avance en âge son pédicule s'allonge aux dépens de son diamètre , et le chapeau augmente de volume ; un collet impropre et persistant tient les bords du chapeau lutés contre les parois du pédicule ; la superficie du chapeau est sèche , unie , tachée de fauve sur un fond blanc , mais sans être peluchée ; elle est susceptible d'être pelée. *Chair*. Ferme. *Feuillets*. Nombreux , frangés ; ceux qui sont entiers sont en petit nombre et n'ont pas de décurrence sur le pédicule. *Saveur*. D'abord agréable , puis , après l'avoir mâché , goût âcre et détestable. *Végétation*. On trouve ce Champignon dans les bois , en septembre et en octobre. *Propriétés*. Je conseille de s'en abstenir.

XX. AGARIC TOMENTEUX. (Pl. 4, fig. OO.)

Synonymie. Agaricus tomentosus, Bull., pl. 138. (Persoon, genre Coprinus.)

Caractères botaniques. Pédicule. Velu, contigu avec la chair du chapeau, et fistuleux d'un bout à l'autre. *Chapeau.* Oblong et en cloche, à superficie couverte d'un duvet cotonneux qui se détache sous le doigt et laisse à nu une peau mince et rayée, dont les feuillets sont recouverts ; ce chapeau, très-allongé, est peu évasé par le bas, il n'a que très-peu de chair. *Feuillets.* Nombreux, composés de deux lames qui se séparent quand on divise le chapeau ; ceux qui sont entiers sont rares et se terminent en pointe aux deux extrémités. *Consistance.* Ce Champignon est de nature aqueuse, ne dure guère que deux ou trois jours et se fond en une eau noire ou bistrée. *Saveur et odeur.* Nulles. *Végétation.* On trouve communément ce joli Champignon en septembre et octobre dans les bois, les jardins ; il ne vient qu'en bonne terre, sur du terreau ou sur de vieilles couches. *Propriétés.* Non comestible.

XXI. AGARIC CENDRÉ. (Pl. 4, fig. PP.)

Synonymie. Agaricus cinereus, Schœff. T. c., Bull., pl. 88. (Persoon, genre Coprinus.)

Caractères botaniques. Pédicule. De quatre à six pouces de hauteur, continu avec la chair, fistuleux dès sa jeunesse, parsemé surtout à sa partie inférieure de petites inégalités, et recouvert d'une poussière qui s'atache aux doigts. *Chapeau.* Transparent, d'une couleur cendrée et roussâtre à son sommet, strié, plus ou moins convexe, peluché et farineux par un temps sec, car il est visqueux quand l'atmosphère est humide, ou après la pluie; un peu plus solide que l'*Agaric de bouse*, et d'une plus longue durée ; sa chair est peu épaisse et se résout en eau. *Feuillets*. Peu sont entiers, mais plus larges du côté du pédicule, autour duquel ils forment un bourrelet sans y être adhérens ; sitôt que ce Champignon commence à se développer, ses bords se roulent sur eux-mêmes et se fondent en une eau noire. *Saveur et odeur*. Fétides. *Végétation*. On trouve ce Champignon dans les bois humides, dans les prés ; il naît toujours en août et septembre, au milieu des bouses de vache. *Propriétés*. Il ne peut servir d'aliment ; ce Champignon, d'un aspect sinistre et repoussant, quoique riche de tons, est très-fugace et n'a que peu de consistance.

XXII. AGARIC PIED NOIR. (Pl. 5, fig. DD.)

Synonymie. Agaricus nigripes, Bull., pl. 344.

Caractères botaniques. *Pédicule*. Fistuleux, continu, noir et velouté dans la plus grande partie de sa longueur. *Chapeau*. De deux à trois pouces de diamètre, à superficie gluante, se pelant facilement, et ayant très-peu de chair. *Feuillets*. Libres, élargis seulement vers le pédicule; pour un feuillet entier il y a toujours trois parties de feuillets. *Saveur*. Insipide et comparable à celle de la gomme arabique. *Odeur*. Peu sensible. *Végétation*. Quelquefois on rencontre ce Champignon seul, mais le plus souvent on en trouve de huit à dix réunis au même pied ; il est commun dans les bois en novembre et même en décembre quand il n'y a pas de fortes gelées ; on le trouve sur de vieilles souches. *Propriétés*. Ses couleurs avertissent qu'on ne doit en user comme comestible qu'avec des précautions.

XXIII. AGARIC MOU. (Pl. 5 , fig. EE.)

Synonymie. Agaricus mollis, Bull.

Caractères botaniques. *Pédicule*. Presque toujours plein , et souvent renflé par le bas. *Chapeau*. Dès sa jeunesse a la forme d'un cône renversé dont les bords sont réfléchis sur eux-mêmes ; la peau est très-mince , et il a très-peu de chair, et par conséquent peu de consistance ; il est si mou que ses bords sont rabattus en manière de peignoir. *Chair*. Continue avec celle du chapeau. *Feuillets*. Nombreux, mais peu sont entiers. *Saveur et odeur*. Peu sensibles , sinon dans la vieillesse où il exhale une odeur cadavéreuse. *Végétation*. On rencontre ce Champignon en juin et juillet sur de vieux troncs d'arbres pourris , dans les lieux humides et près des canaux ou des étangs. *Propriétés*. On ne peut employer ce Champignon comme aliment.

XXIV. AGARIC ARDOISÉ. (Pl. 5 , fig. FF.)

Synonymie. Agaricus ardosiaceus, Bull., pl. 348.

Caractères botaniques. *Pédicule*. Fistuleux et blanc à son extrémité inférieure. *Chapeau*. De couleur d'ardoise , lisse et convexe dans l'état de jeunesse , zoné et quelquefois creusé en entonnoir quand il est vieux; il a très-peu de chair. *Feuillets*. Larges , médiocrement épais , et parfaitement libres ; entre deux feuillets entiers, il y a presque toujours cinq parties de feuillets. *Saveur et odeur.* Du Champignon. *Végétation.* On trouve cet Agaric dans les prés, les lieux humides, en septembre et octobre. *Propriétés.* Je crois plus prudent de s'en abstenir.

XXV. AGARIC D'AULNE. (Pl. 8, fig. A.)

Synonymie. Agaricus alneus. Bull., pl. 346. — Schœff., CCLVI.

Caractères botaniques. Pédicule. Nul. *Substance.* Cet Agaric est composé d'une peau épaisse, blanchâtre, coriace, velue ou peluchée en dessus, et de feuillets rougeâtres, étroits, épais, creusés en gouttière, plus ou moins ramifiés et sans adhérence avec la peau qui les recouvre. C'est plutôt une Mérule qu'un Agaric. *Végétation.* Ce Champignon est commun dans nos forêts. On le trouve également dans les chantiers de bois à brûler, au commencement de l'hiver et du printemps, particulièrement sur l'aulne; il se dessèche promptement. *Propriétés.* Il n'est pas comestible.

XXVI. AGARIC PIED MENU. (Pl. 8, fig. B.)

Synonymie. Agaricus filopes. Bull., pl. 320.

Caractères botaniques. Pédicule. Fistuleux, velu à sa base, très-mince, souvent même aussi grêle qu'un fil, et ayant de trois à huit pouces de hauteur. *Chapeau.* Arrondi ou allongé, suivant les variétés, et quelquefois même terminé en pointe. Quoique peu apparent, il acquiert jusqu'à un pouce de diamètre; sa superficie est rayée, ses bords sont un peu festonnés, et il a peu de chair. *Feuillets.* Libres ; entre deux feuillets entiers il y a ordinairement trois parties de feuillets. *Végétation.* Ce Champignon est très-commun en été et en automne dans les bois où il vient entouré de mousse, ce qui soutient son pédicule grêle et très-élevé, et qui est moins long et plus épais lorsqu'il n'est point environné de mousse, ainsi que l'a observé Bulliard ; sa durée est de huit à dix jours. *Propriétés.* On ne le mange pas.

XXVII. AGARIC ÉCHAUDÉ. (Pl. 5, fig. GG.)

Synonymie. Agaricus crustuliniformis. Bull., pl. 3o8, A. G. — Fastibilis, Pers., classe des Gymnopes.

Caractères botaniques. Port. « Rien de plus curieux, dit Bulliard, que la manière dont ce Champignon est semé sur la terre, tantôt autour d'un arbre, à une distance de dix à douze pieds ; tantôt au milieu d'une prairie ou d'une forêt, formant des ronds réguliers, ou des bandes sinueuses très-longues sur une largeur de deux ou trois pieds ; il est variable dans sa grandeur et ses couleurs. » *Pédicule.* Droit, court et épais, blanc et recouvert d'aspérités, ou peluchures noirâtres. *Chapeau.* A surface unie, luisante et très-visqueuse dans les temps humides ; dans sa jeunesse et dans un âge plus avancé, il ressemble pour la forme et la couleur à un échaudé ; c'est-à-dire qu'il est convexe, irrégulièrement bosselé et sinueux, glabre, jaunâtre, large de deux à quatre pouces. *Lames.* Rousses et inégales, celles qui sont entières laissent un intervalle entre elles et le pédicule. *Végétation.* Cet Agaric se trouve assez communément dans les bois et dans les prairies. *Saveur.*

Acre et très-désagréable ; ce qui le fait éloigner de la classe des comestibles.

XXVIII. AGARIC EN ENTONNOIR. (Pl. 5, fig. H.)

Synonymie. Agaricus infundibuliformis. Bull., pl. 286. — Agaric gilvus, Pers. — Cyathiformis, Vahl. — (Agaric suave de Persoon.)

Caractères botaniques. *Pédicule*. Nu, cylindrique, plein, fibreux. *Hauteur*. De deux à six pouces ; continu, évasé à sa partie supérieure. *Chapeau*. Luisant, fragile, mince, humide, toujours creusé en entonnoir, plus ou moins sinué sur ses bords. *Diamètre*. Large de quatre à cinq pouces. *Couleur*. D'un jaune de cannelle très-clair, noircissant en vieillissant. *Lames*. Minces, étroites, terminées en pointe vers le pédicule ; un très-petit nombre prolongées jusqu'à la base du chapeau, et légèrement décurrentes. *Odeur*. Fade, et de Champignon séché. *Végétation*. Il croît dans les bois sur les feuilles mortes entassées qu'il pénètre par les fibrilles radicales de son pédicule. *Saison*. En automne.

XXIX. AGARIC NIGRESCENT. (Pl. 5, fig. I.)

Synonymie. Agaricus nigricans. Bull., tab. 212.

Caractères botaniques. *Pédicule*. Continu. *Chapeau*. De forme orbiculaire dans sa jeunesse ; superficie sèche et brunâtre, chair et feuillets blancs ; mais arrivé à son degré de développement, sa chair et ses feuillets se colorent. La tranche des feuillets est ce qui noircit d'abord, dit Bulliard, ensuite tout le reste devient noir comme du charbon. *Feuillets*. Remarquables par leur épaisseur ; peu nombreux. On trouve ordinairement une portion de feuillet entre deux feuillets entiers ; ceux-ci sont libres , et les uns et les autres sont amincis sur la tranche , et ont quelquefois jusqu'à une ligne d'épaisseur à leur base sans qu'il y ait de vide apparent. *Chair*. Ferme mais cassante. *Saveur*. Celle de Champignon qui n'a rien de désagréable. *Végétation*. Ce Champignon est assez commun en automne dans les bois de haute futaie ; il se plaît dans les terrains secs et dépouillés de végétaux. *Propriétés*. Sa forme et sa couleur n'invitent pas à le recueillir comme aliment.

XXX. AGARIC VELOUTÉ. (Pl. 5 , fig. J.)

Synonymie. Agaricus villosus. Bull., p. 214.

Caractères botaniques. *Pédicule*. Plein , continu , mais peu évasé. *Chapeau*. Orbiculaire dans sa jeunesse , et prenant la forme d'une calotte à mesure qu'il avance en âge ; ses bords sont irréguliers et festonnés ; sa superficie un peu humide , légèrement veloutée comme la pêche , et susceptible d'être pelée. Sa chair est très-blanche. *Feuillets*. Libres , plus étroits vers le pédicule que vers les bords du chapeau, blancs lorsque le Champignon est jaune , et rougeâtres lorsqu'il est dans un âge avancé. *Saveur*. Un peu poivrée , sans être désagréable. *Odeur*. Insignifiante. *Végétation*. Ce Champignon vient en automne sur des morceaux de bois pourri , tombés à terre , et particulièrement sur l'aubier du chêne. *Propriétés*. Sa couleur et sa superficie villeuse et par conséquent irritante , doivent l'exclure de la classe des alimentaires.

XXXI. AGARIC PALMÉ. (Pl. 5, fig. KKK.)

Synonymie. Agaricus palmatus. Bull., p. 216. — Fungus palmatus, Mich. Agaric marqueté, *Agaricus tessellatus*, Cordier? (Genre des *Pleuropes* de Persoon.)

Caractères botaniques. Pédicule. Plein, continu avec la chair, long de deux à trois pouces, cylindrique, blanc, nu, plein, charnu, cylindrique, toujours recourbé pour donner au chapeau une position horizontale ou oblique. *Chapeau.* De forme quelquefois très-bizarre, à superficie sèche, à chair mollasse, recouverte d'une peau qui ne se détache qu'avec beaucoup de peine. *Feuillets.* Peu nombreux, assez irréguliers; ceux entiers se terminent sur une membrane qui empêche leur adhérence au pédicule. *Saveur.* D'abord sucrée, puis un peu amère. *Odeur.* Agréable. *Végétation.* Ce Champignon vient en automne sur les arbres sains et vigoureux, sur les troncs d'arbres morts, et même sur des pièces de bois de charpente, tenues, dit Bulliard, dans une position verticale. On ne le trouve jamais qu'à une élévation considérable, de soixante à quatre-vingts pieds de haut. Il est rarement seul, et aime à vivre groupé comme l'*Agaric en coquille.* (Pl. 3.)

XXXII. AGARIC PÉTALOÏDE. (Pl. 4, fig. Q.)

Synonymie. Agaricus petaloides. Bull., p. 226.

Caractères botaniques. Port. Celui d'une feuille de lierre terrestre à demi roulée, ou celui d'un pétale de rose, dont l'onglet serait un peu allongé. *Pétiole.* Blanc, court, incliné, et légèrement creusé en gouttière. *Cha peau*. A bords festonnés et de couleur bistre ; lignes divergentes de la partie intermédiaire d'un blanc sale, et noir à son insertion. La superficie est sèche et poudreuse. *Lames*. Inégales, jaunes et très-multipliées, décurrentes sur le pédicule, lequel est continu avec la chair du chapeau. *Chair*. Consistante et ferme, mais se cassant facilement. *Saveur et odeur*. Insipide au goût et à l'odorat. *Végétation*. On trouve cet Agaric en septembre et octobre, dans les bois, sur le bord des chemins; il se plait dans les terrains les plus arides, mais il n'est pas commun.

Nota. On peut le manger, mais en raison de sa petitesse et du peu de ressource qu'il offre comme aliment, il vaut mieux l'exclure de la liste des comestibles.

XXXIII. AGARIC ÉLANCÉ. (Pl. 4.)

Synonymie. Agaricus longipes. Bull., p. 232. — A. radicatus pudens, Pers., classe des Gymnopes.

Caractères génériques. *Port*. D'une taille élevée. *Pédicule*. S'enfonçant si profondément en terre qu'on a peine à l'en tirer. Il est long de huit à neuf pouces, cylindrique, mince, renflé à sa base, plein, nu, recouvert d'une écorce facile à détacher, velouté et marqué dans presque toute sa longueur de stries noirâtres et parallèles. Sa racine est horizontale et allongée, garnie de fibrilles latérales. *Chapeau*. D'abord peu épais, conique, puis presque aplati, velouté et doux au toucher, de couleur bistre clair, large de cinq à six pouces ; superficie sèche et non viqueuse. Ses bords élégamment festonnés se relèvent dans la vieillesse. *Chair*. Contiguë avec le pédicule. *Lames*. Peu nombreuses, larges, minces, inégales, d'un blanc assez éclatant. Les plus longues viennent se terminer en pointe, sans adhérer au pédicule ; quelquefois, au contraire, elles sont légèrement décurrentes. *Végétation*. En automne, dans les bois. *Saveur*. Fade. *Odeur*. Peu agréable. *Propriétés*. On pourrait le manger, mais il est tant d'espèces auxquelles on doit donner la préférence, que je l'ai rejeté de la classe des comestibles.

XXXIV. AGARIC CONTIGU. (Pl. 4, fig. SSS.)

Synonymie. Agaricus contiguus. Bull., p. 240. (Persoon, genre *Omphalia*.)

Caractères botaniques. *Pédicule*. Court, épais, continu avec la chair. *Chapeau*. Quoique ce Champignon soit d'une forme peu élégante et d'une couleur peu remarquable, il est un de ceux, dit Bulliard, qui méritent le plus notre attention. Quand il est jeune, les bords du chapeau sont roulés, un peu tomenteux et légèrement cannelés. Ils ne se déroulent que lorsque le Champignon est parvenu à son dernier degré d'accroissement. *Feuillets*. Décurrens sur le pédicule ; quand le Champignon est jeune, ils sont plissés de manière à imiter parfaitement les tubes d'un Bolet ; quand il est vieux, ces feuillets forment autant de rayons droits dans presque toute leur longueur. Il y a deux fois plus de parties de feuillets que de feuillets entiers. Tous ces feuillets sont formés d'une membrane plissée avec une perfection et une délicatesse que l'art ne pourrait atteindre. Cette membrane se détache aisément de la chair, avec laquelle elle n'est que *contiguë*. Une fois qu'elle en est séparée, on peut l'étendre comme un surplis. *Saveur*. D'abord acide, à laquelle succède un goût d'amertume. *Suc*. Il poisse les doigts. *Végétation*. On trouve assez fréquemment ce Champignon dans les bois, en août et septembre. *Propriétés*. Il est imprudent d'en faire usage comme comestible.

XXXV. AGARIC DORÉ. (Pl. 8, fig. CC.)

Synonymie. Agaricus aureus. De Candolle, Bulliard, Persoon et Sowerby (genre *Lepiota*).

Caractères botaniques. Port. Aspect d'un fauve doré, à l'exception des feuillets qui sont blancs. *Pédicule*. Glabre, cylindrique, plein, un peu aminci et courbé à la partie inférieure; long de trois à quatre pouces, sur quatre lignes d'épaisseur; muni d'un collier peu apparent, ce qui donne au pédicule l'apparence d'une gaîne. *Chapeau*. Charnu, d'abord globuleux, puis convexe, parsemé de peluchures de quatre pouces de diamètre. *Lames*. Blanches, inégales, étroites, couvertes, dans leur jeunesse, d'une membrane qui adhère au pédicule. *Saveur*. Salée et amère. *Odeur*. Nauséeuse et commune à toutes les espèces de ce genre. *Végétation*. On le trouve, en été, dans les bois ombragés et humides. *Propriétés*. Je crois qu'il est prudent de n'en pas manger, quoique certains auteurs vantent sa délicatesse.

XXXVI. AGARIC NU LILAS. (Pl. 7, fig. AA.)

Synonymie. Agaricus nudus. Bulliard. (Fam. des Cortinaires, Pers.)

Variétés A. Violaceus.

B. Totus rufescens.

Caractères botaniques. Port. Elégant. *Pédicule.* Long d'environ deux pouces, glabre, nu, plein, cylindrique, un peu plus épais à la base qu'au sommet. *Chapeau.* D'abord hémisphérique, puis régulièrement convexe, et enfin plane ; large d'environ quatre pouces, dépourvu d'écailles ; charnu seulement au centre ; de couleur lilas, puis fauve en vieillissant. *Lames.* Nombreuses, étroites, insérées au pédicule, mais non décurrentes, d'un violet lilas tendre. *Odeur.* Nulle. *Saveur.* Peu remarquable. *Végétation.* On trouve communément l'Agaric nu, en été et en automne, dans les bois de sapins, où elle croît solitaire. *Propriétés.* On le dit comestible, mais je le présente comme suspect, afin d'éviter tout accident.

XXXVII. AGARIC AMÉTHYSTE. (Pl. 7 , fig. BB.)

Synonymie. Agaricus Amethysteus. Bull. , p. 198. — Agaricus laccatus, Schœff. , tab. XIII. (Genre des *Gymnopes* de Persoon.)

Caractères botaniques. Pédicule. Violet, long de deux à trois pouces , et large de deux à trois lignes ; légèrement tortueux , plein dans sa jeunesse , et creux en vieillissant. Ce pédicule est continu, et communément rayé et filandreux. *Chapeau.* Bien arrondi dans sa jeunesse, puis s'élargissant avec l'âge et devenant même un peu concave dans le milieu. La superficie du chapeau est sèche et paraît veloutée. *Feuillets.* Rares et épais, dont il n'y a que la sixième partie qui soient entiers ; ceux-ci sont semi-décurrens sur le pédicule. *Saveur et odeur.* N'ont rien de désagréable. *Végétation.* On trouve assez communément ce joli Champignon en septembre et octobre, dans les bois , et surtout sous les pins. *Propriétés*. On le mange dans beaucoup de pays, mais je crois qu'on peut le retirer du tableau des espèces comestibles, quoique d'ailleurs il n'ait rien en lui de précisément délétère.

XXXVIII. AGARIC GLUTINEUX. (Pl. 8 , fig. DDD.)

Synonymie. Agaricus glutinosus. Bull. , tab. CCLVIII. (Persoon, genre *Cortinarius*.)

Caractères botaniques. Pédicule. Coloré de brun châtain à sa partie inférieure, et blanc ponctué de noir à la partie supérieure qui reçoit les lames. La partie colorée du pédicule est enduite d'une couche de mucilage visqueux qui retient tous les corps légers, tels que des insectes, des feuilles, qui viennent à tomber sur lui. Ce pédicule est plein, un peu renflé à sa base, long de trois à cinq pouces, tacheté au haut de points noirs, qui paraissent être les débris d'une membrane ou réseau léger qui recouvrait les feuillets dans leur jeunesse, et a fait classer cet Agaric dans la classe des *Cortinaires*. *Chapeau*. Convexe, à bords un peu repliés en dessous, large de trois à quatre pouces, et de couleur cannelle ou marron, ainsi que le bas du pédicule. Il est, ainsi que ce dernier, enduit d'une forte couche de matière visqueuse. *Feuillets*. Blancs, inégaux, décurrens. *Saveur et odeur*. Peu remarquables. *Végétation*. Ce Champignon se rencontre très-souvent dans les bois en septembre et octobre. Il vient sur terre, quelquefois seul, mais le plus souvent par groupes de dix à douze, réunis par leurs racines. *Propriétés*. Je crois qu'on doit, jusqu'à nouvel examen, l'effacer de la liste des comestibles.

Observation. Le chapeau et les feuillets de cet Agaric,

suivant Poiret, deviennent quelquefois jaunâtres. Dans une autre variété, le pédicule est entièrement roux.

XXXIX. AGARIC LARMOYANT. (Pl. 8 , fig. EE.)

Synonymie. Agaricus lacrymabundus. Bull., p. 194. (Persoon , genre des *Cortinaires*.)

Caractères botaniques. *Pédicule*. Continu , fistuleux, et légèrement peluché de taches bistre clair , sur un fond jaune serin. Il est bulbeux à sa base , légèrement arqué et aranéeux. *Chapeau*. D'un jaune terne , bombé , à surface sèche et tomenteuse , et à bords légèrement striés par l'impression des feuillets. *Feuillets*. Très-nombreux , dentés , papillonacés , surtout à un âge avancé. Les feuillets entiers sont rares , mais à peine le Champignon est-il développé , que l'on remarque sur la tranche de ses feuillets des petites gouttes d'une eau noirâtre qui diffère absolument de celle que fournissent les espèces atramentaires. *Saveur et odeur*. Peu remarquables. *Végétation*. Ce Champignon est assez rare , je ne l'ai rencontré que deux fois à Rambouillet , dans des bois de pins appartenant à M. le comte de Saint-Didier. Bulliard partage cette opinion , et assure ne l'avoir trouvé qu'une seule fois en octobre , près de Montgeron , sur les bords de la forêt de Sénart. *Propriétés*. Les caractères propres aux aranéeux que porte l'Agaric larmoyant , m'ont engagé à le classer parmi les Champignons suspects, dont on ne doit point faire sa nourriture.

XL. AGARIC SCARLATIN OU ÉCARLATE. (Pl. 5 , fig. LL.)

Synonymie. Agaricus coccineus. Bull., t. 202 et 570 ,

fig. 2. (Persoon Synop., p. 304.) — Agaricus gregarius.
Totus coccineus, pileo convexo, subviscoso; lamellis
distantibus, dentatim connexis; stipite cavo, subcon-
vexo. Schœff. Fung., tab. 302.

Caractères botaniques. *Pédicule*. Rouge, cylindrique,
souvent aminci à sa base, large de trois à cinq pouces,
plein dans sa jeunesse et fistuleux dans un âge plus
avancé. *Chapeau*. Rouge écarlate, d'abord conique,
puis presque plane, un peu humide et visqueux, large
de deux à trois pouces, d'abord parfaitement arrondi,
ensuite un peu sinué. Cet Agaric est très-facile à distinguer par la belle couleur rouge qu'il conserve pendant
sa jeunesse, mais il la perd en vieillissant et devient d'un
blanc sale, taché de zónes brunâtres. *Feuillets*. Rouges,
inégaux, libres et épais. *Saveur et odeur*. Peu remarquables. *Végétation*. Ce joli Champignon est commun
en automne dans les bois, les friches, les landes, les
paquis, parmi les mousses et les herbages. *Propriétés*.
On n'a point encore assez de renseignemens sur les qualités de cet Agaric pour l'indiquer comme alimentaire,
c'est pourquoi j'ai cru devoir le placer parmi les Champignons suspects.

XLI. AGARIC AZURÉ. (Pl. 7, fig. C.)

Synonymie. Agaricus cyaneus. Bull., p. 170.

Caractères botaniques. *Pédicule*. Plein, continu, souvent peluché, et toujours coloré en bleu; long de deux à
trois pouces, sur deux à trois lignes de largeur. *Chapeau*. Bleu verdâtre, mamelonné à son centre qui est
de la couleur des lames; remarquable en ses bords par

de petits lambeaux d'une membrane blanchâtre, qui faisait l'office de collet impropre avant le développement du Champignon. Sa superficie est onctueuse, susceptible d'être pelée entièrement, sans qu'il y ait, dit Bulliard, le moindre déchirement de la peau. *Chair*. Blanche, un peu colorée vers la peau, et continue avec le pédicule. *Feuillets*. Assez nombreux, légèrement bistrés ; ceux qui sont entiers laissent leur empreinte sur le pédicule. Entre deux feuillets entiers, on trouve toujours un demi-feuillet et deux parties de feuillets. *Saveur et odeur*. Comparables à celles du Champignon de couche. *Végétation*. On trouve ce joli Champignon, en septembre et octobre, dans les bois ; quelquefois il vient seul, mais plus souvent on en trouve trois ou quatre sur le même pied. *Propriétés*. Je ne le crois pas comestible.

XLII. AGARIC CLOU. (Pl. 8, fig. F.)

Synonymie. Agaricus Clavis. Bull., p. 148. — Fungus minimus aurantius. Vaill., t. 11, fig. 19 et 20.

Caractères botaniques. *Pédicule*. Continu, long, grêle et plein. *Chapeau*. Très-arrondi dans sa jeunesse, mais se développant à mesure qu'il avance en âge ; il se développe, s'aplatit même quelquefois, mais ne fait jamais l'entonnoir. *Chair*. Blanche, transparente, continue avec celle du pédicule. *Feuillets*. Médiocrement nombreux, divisés en presque autant de feuillets entiers que de parties de feuillets. Ses feuillets entiers sont rétrécis également aux deux extrémités ; ils touchent le pédicule, mais n'ont aucune décurrence avec lui. *Saveur et odeur*. Peu remarquables. *Végétation*. On trouve très-communément, vers la fin de l'été, ce petit Champignon au pied des arbres, sur les friches, sur le bois pourri, sur les feuilles mortes et parmi la mousse. *Propriétés*. Il est si petit, que je n'ai pas cru devoir l'indiquer comme alimentaire, quoique je sois persuadé qu'il ne peut être nuisible à la santé.

XLIII. AGARIC PIEDFU. (Pl. 6 , fig. A.)

Synonymie. Agaricus fusipes. Bull., p. 106. — Agaricus crassipes. Schœff., tab. 77. — Amanite à pédicule aminci. — Amanita attenuata, de l'Encyclopédie par ordre de matières.

Caractères botaniques. Pédicule. Continu avec la chair du chapeau, et diminuant sensiblement de grosseur depuis son extrémité supérieure jusqu'à l'inférieure qui se termine en pointe. *Chapeau*. Arrondi dans sa jeunesse, mais il se développe avec l'âge, s'aplatit et acquiert un volume considérable et un diamètre de douze à quinze pouces. Sa superficie est sèche et communément gercée, de couleur cannelle; ses bords sont ondulés et comme festonnés. *Feuillets*. Epais, peu nombreux, irrégulièrement découpés et se détachant du pédicule dans un âge plus avancé. *Odeur et saveur*. Nullement désagréables. *Végétation*. On trouve ce Champignon dans les bois, en juillet et août. *Propriétés*. Je crois qu'on pourrait le manger.

Observation. Ce Champignon, dit Bulliard, n'a rien de constant dans sa couleur ni dans sa forme; souvent on en rencontre jusqu'à douze ou quinze réunis par leurs racines, mais souvent on le trouve seul, et il est quelquefois renversé sur la terre où son propre poids l'entraîne.

XLIV. Agaric piluliforme. (Pl. 4 , fig. T.)

Synonymie. Agaricus piluliformis. Bull. , p. 112.

Caractères botaniques. Pédicule. Fistuleux , même dans l'état de jeunesse , il n'est point renflé à sa partie supérieure , ce qui ôte tout soupçon de continuité de sa chair avec celle du chapeau. *Chapeau.* Arrondi dans sa jeunesse , plus développé dans un âge plus avancé , parce que ses bords s'éloignent du pédicule , mais il ne devient jamais horizontal , ni même conique. Sa superficie est sèche et de couleur d'ocre foncée ; ses bords sont blancs et sa chair est ferme et blanche. *Feuillets.* Divisés en feuillets et en parties de feuillets ; ceux qui sont entiers sont très-étroits à l'extrémité qui touche au pédicule. *Saveur et odeur.* Peu remarquables. *Végétation.* On trouve , en septembre et octobre , ce joli Champignon parmi la mousse , au pied des arbres. *Propriétés.* Il est trop petit pour en faire une spéculation de gastronomie.

XLV. Agaric entassé. (Pl. 4 , fig. UU.)

Synonymie. Agaricus congregatus. Bull. , fig. 94.

Caractères botaniques. Pédicule. Plus ou moins long , évasé par le haut , rarement droit et presque toujours fistuleux. *Chapeau.* Oblong , arrondi dans le haut , échancré par le bas , ayant pour l'ordinaire plus d'extension d'un côté que de l'autre. A mesure qu'il avance en âge , il prend plus d'évasement , et ses échancrures sont plus considérables. Sa superficie est toujours humide et visqueuse , il a peu de chair et elle fait corps avec celle du pédicule. *Feuillets.* Nombreux , divisés en feuillets , demi-feuillets et parties de feuillets ; ils se fondent en une eau noire dans leur vieillesse. *Saveur et odeur*. Peu remarquables. *Végétation*. On trouve communément ce petit Champignon, en août, septembre et octobre, dans les jardins, les parcs, les forêts. Il se plaît à l'ombre et se rencontre plus fréquemment, dit Bulliard, dans les allées sablées des promenades, et dans les chemins des forêts que partout ailleurs ; il vient par touffes. *Propriétés*. Sa décomposition à l'air libre prouve qu'il ne peut faire partie des substances alimentaires.

XLVI. AGARIC AQUEUX. (Pl. 4, fig. VV.)

Synonymie. Agaricus aquosus. Bull. — Agaricus melleus. Schœff., t. 45.

Caractères botaniques. *Pédicule*. Fistuleux, même dans l'état de jeunesse ; ses racines sont nombreuses et disposées par flocons. *Chapeau*. Irrégulièrement arrondi, convexe, quelquefois concave dans le milieu, souvent mamelonné et toujours radié dans ses bords. *Chair*. Aqueuse et de peu de consistance. *Feuillets*. Ceux entiers sont peu nombreux, ils sont entièrement détachés du pédicule et forment un bourrelet bien distinct ; les feuillets et les portions de feuillets sont de la plus grande fragilité. *Odeur*. Nulle. *Saveur*. De Champignon de couche d'abord agréable, mais si on le garde long-temps dans la bouche, il y laisse une odeur de punaise fort désagréable. *Végétation*. Ce petit Champignon s'élève de deux à trois pouces ; on le trouve, en août et septembre, dans les bois ombrageux et parmi la mousse. *Propriétés*. Il n'est pas comestible.

Observation. Il est rare de ne pas trouver ce Cham-

pignon rongé par de petits vers blancs, très-agiles, qui
en rongent les feuillets, dit Bulliard, dès son adoles-
cence. Il est de courte durée.

XLVII. AGARIC VINEUX. (Pl. 7, fig. D.)

Synonymie. Agaricus vinosus. Bull. — Amanita vinosa
de l'Encyclopédie.

Caractères botaniques. Pédicule. Brun, renflé à sa
base et courbe en cette partie. *Chapeau.* D'un pourpre
brun, légèrement ferrugineux, convexe, à superficie
sèche et recouverte d'un duvet fin, susceptible d'être
enlevé par le plus léger frottement. *Feuillets.* Nombreux
et contigus avec le pédicule, sur lequel ils se terminent
en pointe. *Chair.* Ferme. *Saveur.* Vineuse et salée.
Odeur. Insignifiante. *Végétation.* On le trouve, en septembre et octobre, dans les bois et particulièrement dans
les terrains sablonneux et à l'ombre. *Propriétés.* Il est
au moins suspect.

XLVIII. AGARIC PAPILLONNÉ. (Pl. 4, fig. XX.)

Synonymie. Agaricus papillonaceus. Bull., pl. 58. —
Persoon. (Genre *Coprinus.*)

Caractères botaniques. Pédicule. Creusé d'un très-
petit canal dans sa jeunesse, il n'est pas continu avec la
chair du chapeau, mais seulement contigu ; il n'a ni
bulbe, ni collet ; il est grêle, de quatre à cinq pouces
d'élévation, et courbe à la partie inférieure, bistre à la
partie supérieure et rose à la partie inférieure. *Chapeau.*
Régulièrement arrondi, plus ou moins conique, frangé
à son bord, et n'ayant presque point de chair. *Feuillets.*

Très-larges, très-minces, d'un noir velouté, et parsemés de taches blanches, qui leur donnent l'apparence d'ailes de papillons. Ils acquièrent en vieillissant une couleur tout-à-fait noire. *Saveur et odeur.* D'abord nulles, mais il se corrompt en peu de temps. *Végétation.* Ce Champignon vient solitaire, soit parmi les gramens où il acquiert plus de grandeur, soit sur la fiente des bêtes de somme; alors ils croissent ensemble. *Propriétés.* On doit l'exclure des Champignons comestibles.

XLIX. AGARIC SAFRANÉ. (Pl. 10 , fig. A.)

Synonymie. Agaricus croceus. Bull., pl. 50. — Schœff., tab. 4.

Caractères botaniques. Pédicule. Jaune plus ou moins foncé; grêle, long de deux à trois pouces; presque toujours plein, rarement central, d'une substance ferme dans l'état de jeunesse, mais molle et fibreuse en vieillissant. *Chapeau.* Jaune safrané, irrégulièrement découpé, mamelonné, et quelquefois même terminé en pointe aiguë. Sa superficie est sèche et luisante. *Feuillets.* Luisans, épais, jaunes, d'une consistance ferme; peu sont entiers; ce Champignon a peu de chair. *Saveur et odeur.* Il n'est désagréable ni au goût, ni à l'odorat. *Végétation.* On trouve l'Agaric safrané, en septembre et octobre, dans les terrains secs, parmi le gazon; il vient aussi dans les bois de pins et de hêtres. *Propriétés.* Il n'a aucun caractère qui doive le faire retrancher de la classe des Champignons comestibles; néanmoins, comme l'expérience n'a point encore suffisamment prononcé sur ses qualités, j'ai cru devoir le ranger parmi les Champignons douteux ou suspects.

l. AGARIC RAMPANT. (Pl. 10 , fig. BB.)

Synonymie. Agaricus repens. Bull. , p. 90.

Caractères botaniques. Pédicule. Rose commun , rameux , rampant , garni par intervalles de racines fibreuses qui deviennent plus tard des pédicules particuliers et fistuleux. *Chapeau.* Jaune et brun au centre et dans son contour ; régulièrement arrondi au premier âge , puis s'aplatissant et prenant une forme bizarre , concave et irrégulière. *Feuillets.* Jaunes, divisés en feuillets, en demi-feuillets et en parties de feuillets ; ceux qui sont entiers sont en petit nombre; ils ne touchent point au pédicule dans le développement parfait du Champignon. *Saveur et odeur.* Il n'est désagréable ni au goût ni à l'odorat. *Végétation.* On trouve communément ce Champignon dans les bois, en septembre et octobre ; il naît parmi les feuilles pourries , et quoique ses pédicules soient très-longs , il n'y a souvent, dit Bulliard , que les chapeaux qui paraissent , et l'on ne peut même l'avoir entier , si l'on n'a la précaution de débarrasser ses pédicules des feuilles mortes qui les environnent de toutes parts. *Propriétés.* Je crois qu'on pourrait en faire usage comme aliment , mais comme il n'est pas reconnu généralement comestible , je l'ai placé parmi les Champignons douteux.

li. AGARIC DE TERREAU. (Pl. 10 , fig. CC.)

Synonymie. Agaricus fimi putris. Bull. , pl. 66. — Agaricus semi-ovatus. Pers. Synops. , pag. 408. — Sow., tab. 131.

Caractères botaniques. Pédicule. Glabre , fistuleux ,

cylindrique, roussâtre, long de six à neuf pouces, marqué un peu en dessous du chapeau d'une tache noirâtre, circulaire. *Chapeau.* Peu charnu, d'abord jaune ocracé, puis gris et noirâtre, large de deux pouces, visqueux à sa surface dans sa vieillesse, d'abord en cloche un peu conique, puis plane et relevé à ses bords. *Lames.* Mouchetées, nombreuses, inégales, adhérentes au pédicule, noirâtres dans leur vieillesse. *Saveur.* Il a un goût de mousseron. *Odeur.* Il n'a de mauvaise odeur que quand il est vieux. *Végétation.* Ce Champignon croît sur le terreau, sur les couches, en automne, dans les jardins et les serres chaudes. *Propriétés.* On ne le mange pas.

LII. AGARIC MOMENTANÉ. (Pl. 10, fig. DD.)

Synonymie. Agaricus momentaneus. Bull., pl. 128. — Fungus minor tenerrimus. Vaill., pag. 72.

Caractères botaniques. Pédicule. Fistuleux. *Chapeau.* Vu à la loupe, il paraît recouvert d'une poussière farineuse en dessus et en dessous ; il est si fragile et si mince qu'il ne paraît formé que d'une membrane qui s'enfonce et s'élève alternativement pour former les feuillets. Cependant, dit Bulliard, l'insertion des feuillets sur le pédicule semble prouver qu'outre la membrane qui forme les feuillets, il y en a encore une autre qui recouvre la première entièrement et qui est plissée comme elle ; il est rayé presque jusqu'au sommet, et l'on peut savoir le nombre des feuillets par celui des rainures qui se rencontrent sur sa superficie. Ses bords ne se frisent point. Enfin cet Agaric a la forme d'un parasol ou d'un pavillon chinois. *Végétation.* On trouve abondamment ce joli Champignon sur les couches, les fumiers, après une pluie qui a continué quelque temps. Son existence est de si peu de durée qu'on le voit naître, acquérir son parfait développement et mourir dans l'espace de six à huit heures. *Propriétés*. Il n'est pas comestible.

LIII. AGARIC PLISSÉ. (Pl. 10, fig. EE.)

Synonymie. Agaricus plicatus. Bull., pl. 80.—Schœff., tab. 31.

Caractères botaniques. *Pédicule*. Presque égal en grosseur du bas en haut, grêle, et de près de trois pouces de hauteur, fistuleux, d'un blanc teint de bistre, n'ayant ni collet, ni bulbe. *Chapeau*. Blanc bistré, ovoïde étant jeune, se développant à mesure qu'il avance en âge; remarquable par des plis superficiels qui vont toujours en décroissant de la circonférence au centre. Bords festonnés. *Feuillets*. Egaux en nombre aux plis extérieurs. Entre deux feuillets entiers, on n'en trouve qu'un seul qui n'a que le quart ou le tiers de la longueur des autres. *Chair*. Très-peu épaisse. *Saveur et odeur*. Il n'est désagréable ni au goût ni à l'odorat. *Végétation*. On trouve ce Champignon en juin, juillet et août, dans les bois; il se plaît à l'ombre et dans les terres fortes. *Propriétés*. On pourrait le manger, mais comme il a très-peu de chair, j'ai cru ne pas devoir en grossir la liste des Champignons comestibles.

LIV. AGARIC DES DEVINS. (Pl. 10, fig. FF.)

Synonymie. Agaricus hariolorum. Bull., pl. 56. Amanite monoyère de l'Encyclopédie, n° 21.

Caractères botaniques. *Pédicule*. Plein dans sa jeunesse et fistuleux dans un âge plus avancé, grêle et égal dans sa longueur, de couleur jaune d'ocre. *Chapeau*. Il n'est jamais bien rond et s'aplatit bientôt pour rester ainsi. Il est blanc, bordé de jaune d'ocre, offrant au milieu une concavité de la même couleur. Sa superficie est sèche. *Chair*. Peu épaisse, mais ferme. *Feuillets*. Blancs lisérés de couleur d'ocre jaune, très-écartés, presque toujours tortueux, ne tenant au pédicule que par la pointe. *Saveur*. Très-agréable. *Odeur*. Presque nulle. *Végétation*. On trouve ce Champignon en juillet et août, dans les bois, parmi les feuilles pourries. Il se plaît à l'ombre dans les endroits élevés. *Propriétés*. On pourrait le manger, mais il a si peu de chair, qu'il est inutile de le ranger parmi les comestibles.

Observation. Bulliard raconte qu'il y a des campagnes où le peuple superstitieux craint de le fouler aux pieds, dans la crainte de s'attirer le courroux des devins, ou de participer à leurs œuvres iniques.

LV. AGARIC DU CHÊNE. (Pl. 5 , fig. MMM.)

Synonymie. Champignon du chêne. Hypophyllum lepidum. (Paulet.)

Caractères botaniques. *Port*. Un peu incliné. *Pédicule*. Plein, blanc et ferme, de deux pouces d'élévation. *Chapeau*. Couleur d'ocre jaune ou de noisette ; d'un pouce à deux de diamètre. *Lames*. D'un rose blanc sale, ou de couleur de chair ; elles sont composées de feuillets, de demi et de quart de feuillets, dont les plus grands adhèrent sur le pédicule. *Chair*. Nulle. *Saveur*. Insipide. *Odeur*. Nulle. *Végétation*. En automne sur les chênes.

Propriétés. Le docteur Paulet l'indique comestible , mais il est si petit qu'on peut l'exclure de cette classe déjà très-abondante en espèces alimentaires.

LVI. CHAMPIGNON SOUCI DU NOYER. (Pl. 6, fig. BB.)

Synonymie. Hypophyllum Calthuca (Paulet).

Caractères botaniques. Port. Peu élevé. *Pédicule.* Blanc, cylindrique, plein, dur et coriace, surtout vers la partie qui approche de l'arbre. Ses fibres longitudinales se confondent avec la substance du chapeau. *Chapeau.* D'une couleur éclatante de souci orpin ou de fleur de capucine ; surface sèche et unie ; épiderme s'enlevant facilement. *Chair.* Jaune , ferme et de la consistance de celle du Champignon de couche , épaisse au centre et très-animée vers les bords. *Lames.* D'un bistre clair ou rousses, d'une substance distincte de celle du chapiteau , formées de deux lames réunies, faciles à détacher ; hautes de trois à quatre lignes , inégales et échancrées à leur extrémité. *Odeur.* Presque nulle. *Saveur.* Insipide. *Végétation.* En automne sur les troncs coupés du noyer. *Propriétés.* Le docteur Paulet prétend qu'il n'incommode pas les animaux, mais ses couleurs me le font ranger parmi les espèces suspectes.

LVII. AGARIC DE L'ORME. (Pl. 10 , fig. GG.)

Synonymie. Agaricus ulmarius. Bull., Hypophyllum ulmicola. Paulet.

Caractères botaniques. Pédicule. Blanc lavé de violàtre, plein, cylindrique et d'une chair, dit Paulet, qui n'est pas toujours blanche. *Chapeau.* Couleur de noisette ou d'un roux tendre, dont la surface est sujette à se gercer et son corps à se déformer un peu. *Feuillets.* D'une couleur lilas tendre, entremêlés de petites portions de feuillets, placées du côté des bords du chapeau. *Chair.* D'une substance un peu coriace, dont la couleur, qui est blanche, participe un peu de celle du dehors, surtout lorsqu'il est entièrement développé. *Odeur.* De farine de froment frais moulu, ce qui paraît commun, dit Paulet, à toutes les substances fongueuses qui viennent sur l'orme. *Végétation.* Ce Champignon vient ordinairement en touffe sur les troncs de l'orme ; on le cueille en automne. *Propriétés.* Donné aux animaux, ce Champignon, suivant Paulet, les altère sensiblement, surtout lorsqu'il est vieux ; et ils finissent par le rejeter en vomissant, mais il ne leur cause pas d'ailleurs d'autre accident. Cela suffit néanmoins, ajoute l'observateur, pour se tenir en garde contre son usage.

Cordier dit au contraire, d'après Persoon et De Candolle, que son pédicule est toujours arqué pour tenir le chapeau dans une position horizontale, qu'il est nu, d'un blanc sale ou grisâtre, long de trois à quatre pouces, charnu, plein, épais et ferme, continu avec la chair du chapeau, auquel il s'insère un peu latéralement, et qui atteint quelquefois douze à quinze pouces de diamètre, mais le plus souvent cinq à sept ; que ce chapeau est convexe, arrondi, d'un jaune terreux ; que dans la vieillesse il est quelquefois tacheté de petites raies rouges ou noires ; que les lamelles sont nombreuses, inégales, échancrées à leur base, adhérentes au pédicule ; d'abord blanchâtres, ensuite d'un jaune sale ; que sa chair, dont la consistance est ferme et compacte, *a une odeur agréable et qu'il est comestible.* Or, ce ne peut être la même espèce que celle ci-dessous qui est évidemment malfaisante.

LVIII. CHAMPIGNON AURORE DES ARBRES. (Pl. 6 , fig. CC.)

Synonymie. Hypophyllum fulgens. (Paulet.)

Caractères botaniques. Port. Remarquable par les nuances tranchantes et variées du chapeau et de la tige. *Pédicule.* Cylindrique , élevé et serpentant, d'une belle couleur jaune jonquille. *Chapeau.* D'abord en calotte ou bombé , puis s'aplanissant ; de couleur bistre au centre, d'un jaune ocracé ou aurore dans le contour, garni de plusieurs zónes d'écailles ou peluches de couleur aurore ou de feu. *Lames.* D'un roux vif de Champignon de couche , et quelquefois d'un jaune rutilant des stigmates ou flèches du safran ; elles sont inégales et décurrentes, c'est-à-dire se confondant avec le pédicule. *Chair.* D'un jaune plus éclatant et plus foncé que celui de l'extérieur , fournissant du mucilage étant malaxée dans l'eau. *Odeur.* Nulle. *Saveur.* Fade. *Végétation.* En automne au pied des chênes , des bouleaux et des noyers. *Propriétés.* Quoique ce Champignon n'incommode pas les animaux , néanmoins je crois , d'après ses couleurs suspectes, qu'il est plus prudent de s'en abstenir.

LIX. AGARIC LUSTRÉ. (Pl. 10 , fig. H.)

Synonymie. Agaricus nitens. Bull. , pl. 84.

Caractères botaniques. Pédicule. Pourvu d'un collet persistant, allongé , grêle relativement à son épaisseur, toujours renflé à sa base , et comme bulbeux. *Chapeau.* A superficie luisante dans sa jeunesse, sèche , susceptible d'être facilement dépouillée de son épiderme ; pendant son brillant à mesure qu'il vieillit , et devenant visqueux peu de temps après qu'on l'a cueilli. Le chapeau, plus ou moins convexe , a rarement plus d'un pouce ou d'un pouce et demi de diamètre ; quel que soit son degré de développement, il ne perd point sa forme régulière et agréable. Il a peu de chair , mais elle est ferme, et continue avec celle du pédicule. *Feuillets.* De plusieurs dimensions , et tachetés de blanc sur un fond noir, pareil à celui de l'Agaric papillonacé. *Saveur*. Assez agréable. *Odeur*. Du Champignon de couches. *Végétation*. On trouve ce joli Champignon dans les bois, dans les prairies, pendant l'été et l'automne. Il naît toujours dans les bouses de vache , et souvent à côté de l'*Agaric de Bouse. Propriétés*. Il n'est pas comestible.

Observation. Il y a une variété toute blanche , une autre de couleur safranée , et une de couleur grisâtre. (Bulliard.)

LX. AGARIC FICOIDE. (Pl. 9, fig. C.)

Synonymie. Agaricus ficoïdes. Bull.
A. Pratensis (Persoon, Gymnopes.) A. miniatus. Sow.

Caractères botaniques. Pédicule. Le stipe de ce bel Agaric est blanc et quelquefois rougeâtre à sa base, épais, plein , nu, cylindrique et court. *Chapeau*. De couleur rouge de brique clair ou rouge fauve, plus vif vers le centre , assez grand, c'est-à-dire de trois à quatre pouces de diamètre ; charnu , glabre, un peu sinueux, d'abord convexe, puis aplati , mais ordinairement mamelonné au centre. *Feuillets*. Jaunâtres , épais , écartés les uns des autres , inégaux ; ils se prolongent sur le stipe. *Végétation*. On le trouve dans les prés et sur les pelouses, en groupes de deux à trois, réunis par le même pied. *Chair*. Ferme, un peu roussâtre. *Saveur*. Du Champignon de couche. *Odeur*. Fade et désagréable, suivant Roques. *Propriétés*. Alimentaire, selon Persoon, mais je le redoute, et d'après son odeur , je conseille de l'exclure des espèces salubres.

LXI. Agaric tigré des arbres.

Synonymie. Hypophyllum squarrosum. Paulet.

Caractères botaniques. *Pédicule*. Epais , tortueux, moucheté de rouge sur un fond jaune , pourvu d'un collet. *Chapeau*. Nuancé des plus vives couleurs, le centre en est aurore ; les premieres zônes peluchées sont verdàtres, et les bords d'un bistre foncé. Le diamètre du chapeau est de trois pouces. *Feuillets*. D'un vert foncé. *Saveur*. Amère. *Odeur*. Nauséabonde. *Végétation*. Il se trouve sur les vieux trembles ou sur les chênes. *Propriétés*. Suspect, et bon à éloigner des alimens.

CHAMPIGNONS SUSPECTS.

III. Genre BOLET.

I. BOLET VELOUTÉ. (Pl. 7 , fig. E.)

Synonymie. Boletus villosus. D. — Bolet à crêtes, de l'Encyclopédie par ordre de matières. Boletus cristatus. Persoon. — Schœff. , tab. 316 et 317.

Variété B. Boletus floriformis. Schœff. , tab. 113.

Caractères botaniques. Pédicule. Central et quelquefois latéral, d'un beau blanc. *Chapeau.* Charnu, très-irrégulier, roulé avec celui qui l'avoisine, légèrement tomenteux, large de trois pouces, verdâtre. *Pores.* D'un blanc de neige, puis d'un jaune pâle, enfin déchiquetés et verdâtres. *Saveur.* Un peu amère. *Odeur.* De feuilles pourries. *Végétation.* Cette espèce rare et belle croît par groupes sur les hêtres et dans les lieux ombragés. *Propriétés.* Il n'est pas comestible.

II. BOLET A TUBES JAUNES. (Pl. 7 , fig. F.)

Synonymie. Boletus subtomentosus. (Persoon. Syn., p. 506.) Boletus cupreus. Schœff. , t. 133. — Mich. , t. 69, f. 1.

Var. B. Boletus lividus. Bull. , p. 327, t. 490, f. 2. (Cordier.)

Caractères botaniques. Pédicule. Grêle , long de quatre à cinq pouces , ordinairement tortueux , cylindrique , quelquefois aminci , d'autres fois renflé à sa base et élargi au sommet ; jaune ou roussâtre , strié ou réticulé supérieurement. *Chapeau.* Orbiculaire , convexe , de couleur cendrée , brunâtre ou bronzée ; plus claire sur les bords ; de trois à quatre pouces de diamètre , se gerçant dans la vieillesse. *Tubes.* Jaunes , irréguliers , larges , allongés ; ceux qui environnent le pédicule sont les plus courts , et n'ont point , dit Cordier , une direction perpendiculaire. *Chair.* Molle , cassante et jaunâtre , mais d'une saveur assez agréable. *Végétation.* On trouve ce Bolet à terre , en été et en automne , dans les bois , et le plus souvent solitaire. La variété ʙ a les tubes extrêmement courts ; elle vient dans les lieux marécageux. *Propriétés.* On le dit comestible , mais je ne conseille pas d'en faire usage.

ɪɪɪ. Bᴏʟᴇᴛ ᴏᴅᴏʀᴀɴᴛ ᴅᴜ sᴀᴜʟᴇ. (Pl. 5 , fig. N.)

Synonymie. Boletus suaveolens salicis. Lin. — De C. Fl. fr. 312. — Bull. , p. 342 , t. 310. — Dœdalea suaveolens. Pers. , Syn. 502. Cordier , 125.

Caractères botaniques. Pédicule. Nul , ce Bolet étant sessile. *Chapeau.* Glabre , coriace , attaché latéralement et parvenant jusqu'au diamètre de douze à quinze pouces , et à un ou deux pouces d'épaisseur. La surface , d'abord lisse et très-blanche , devient plus tard rubannée , cotonneuse et composée de zônes rousses et de noires. *Tubes.* Roux , très-allongés , sinueux et irréguliers. *Consistance.* Molle , un peu coriace ; la pulpe d'un blanc laiteux. *Sa-*

veur. Légèrement acide et amère. *Odeur.* Celle de la violette, à laquelle on associerait un peu de vanille. Cette odeur plaît tant aux Lapons, suivant Linné, qu'ils en portent sur eux dans l'espoir de séduire les beautés qu'ils courtisent. *Végétation.* Ce Bolet croît sur les vieux saules en automne ; alors, à son premier développement, il exhale une odeur forte et pénétrante qui tient de la vanille et de l'anis. On le cueille vers la fin de l'automne et en hiver. Il est attaqué, pendant l'été, selon Roques, par les insectes qui en sont très-friands et le font bientôt disparaître. *Propriétés.* Ce Bolet, plus doux et moins énergique que celui du mélèze, s'emploie en médecine dans les catharres bronchiques, dans certaines affections nerveuses, comme la dyspnée, les spasmes de l'abdomen, par suite d'affection pénible de l'ame ; on ne le mange pas.

Frischmann, dit Roques, a obtenu par l'analyse du Bolet odorant du saule : 1°. Une eau distillée, odorante, nauséeuse et légèrement amère ; point d'huile volatile. 2°. Une liqueur d'un beau rouge, un peu acide et d'une odeur de suie ; une huile empyreumatique noire, fétide, et une concrétion sulfureuse. 3°. Un extrait aqueux inodore, d'une saveur amarescente et un peu salée. 4°. Un extrait alcoolique, plus salé, plus amer et surtout beaucoup plus odorant que l'extrait aqueux. 5°. Un sel cristallisé, d'une saveur comparable à celle de sulfate de potasse ; de la chaux, une terre siliceuse et du fer.

IV. Bolet oblique. (Pl. 6, fig. D.)

Synonymie. Boletus obliquatus, exsiccabilis, pediculo

laterali, pileo obliquato, fluctuantes nitidatus, castaneus. Bull.

Caractères botaniques. Pédicule. Violet brun, de six à sept pouces de hauteur, plein, ligneux, luisant, toujours attaché au chapeau latéralement. *Chapeau.* Violet brun et plus ou moins concave, remarquable par des zônes qui souvent sont de couleurs variées, surtout dans sa jeunesse. La superficie paraît un peu velue, quoique luisante. Sa substance est épaisse, spongieuse, de la couleur et de la nature de l'amadou, qu'on pourrait retirer du Bolet oblique s'il n'était d'une aussi petite dimension. *Tuyaux.* Plus longs au centre qu'à la circonférence ; se terminant tous régulièrement, et donnant à ce Bolet une forme convexe en dessous. *Odeur.* De Champignon. *Saveur.* Peu prononcée. *Végétation.* On trouve ce Bolet dans les bois, en août et septembre ; il croît sur des souches pourries. Dans sa jeunesse, sa superficie est humide, ses bords d'un beau jaune, et sa substance est charnue ; mais plus vieux, il devient ligneux et coriace. *Propriétés.* Il ne peut convenir comme aliment.

v. BOLET ANNULAIRE. (Pl. 10, fig. II.)

Synonymie. Boletus annularis. Bull., 332. —De C. Fl. fr., 339. Boletus luteus. Schœff., t. 114.

Caractères botaniques. Pédicule. Remarquable par une collerette annulaire, étrangère aux autres Bolets, mais qui souvent se détruit de bonne heure. Ce pédicule est long de deux à trois pouces, cylindrique, plein, jaunâtre. *Chapeau.* Jaune d'ocre fouetté de lignes roussàtres, arrondi, convexe et à bords repliés vers les tubes. *Tubes*. D'un jaune foncé. *Chair*. Ferme, épaisse, blanche, et ne changeant point de couleur lorsqu'on la déchire. *Saveur*. Aigrelette, suivie d'amertume. *Odeur*. Peu pénétrante. *Végétation*. On trouve le Bolet annulaire en automne, sur la terre, dans les lieux humides et ombragés. *Propriétés*. Suivant Cordier, De Candolle le regarde comme une plante suspecte. Cette même espèce que Paulet appelle *Cèpe Pineau Collet* (*tubiporus annulatus*), a fait périr de langueur un chien auquel on en avait fait manger. On juge, d'après ces faits, si j'ai dû le classer parmi les Champignons suspects et qu'il faut éviter.

vi. Bolet du Bouleau. (Pl. 5, fig. O.)

Synonymie. Boletus betulinus. Bull., pl. 312.

Caractères botaniques. *Pédicule*. Nul, ce Bolet étant sessile. *Chapeau*. Quelquefois de dix-huit pouces de diamètre ; à superficie sèche, recouverte d'une pellicule roussâtre qui s'enlève facilement et laisse des parties du fond plus noires ou plus claires que le reste. *Chair*. Épaisse, ferme, très-difficile à broyer sous la dent. *Tubes*. Très-nombreux, formant par leur réunion une lame percée à jour d'un million de trous, et susceptible d'être séparée en entier de la chair en employant un peu de force. *Saveur*. De verjus et suivie d'amertume. *Végétation*. Sur les troncs de bouleaux morts ; Bulliard en a trouvé avec étonnement sur le même arbre jusqu'à quarante, attachés tout autour du tronc, depuis le bas jusqu'à la hauteur de trente à quarante pieds. *Propriétés*. Il n'est pas comestible.

VII. Bolet tubéreux. (Pl. 10, fig. K.)

Synonymie. Boletus tuberosus. Bull., p. 100.

Caractères botaniques. *Pédicule*. Plein, continu avec le chapeau, très-renflé à sa base et peu évasé à son extrémité supérieure. *Chapeau*. Quelquefois de dix-huit pouces de diamètre ; chair coriace, continue avec celle du pédicule, changeant de couleur presque aussitôt qu'on l'entame. Dans la jeunesse, le chapeau est convexe en dessus et concave en dessous. La superficie est sèche, sa chair cassante et d'un jaune paille. Dans l'état de vieillesse, il est convexe en dessus et en dessous ; alors sa superficie est humide, sa chair moins ferme, d'un jaune plus clair, et parsemée d'un nombre prodigieux de piqûres de vers. *Tuyaux*. Très-longs, très-menus, contigus avec la chair sur laquelle ils ne sont qu'appliqués, et de laquelle on les sépare facilement, sans qu'il y ait de déchirement sensible. *Saveur*. Exquise dans la jeunesse et d'une amertume insupportable dans la vieillesse. *Végétation*. On trouve ce Bolet en août et septembre dans les bois. *Propriétés*. Sans être dangereux, il n'est pas comestible.

VIII. Bolet indigotier. (Pl. 7, fig. G.)

Synonymie. Boletus cyanescens. Bull., p. 329, tab. 369. — Bol. constrictus. Pers., Syn. 508.

Caractères botaniques. Le *pédicule* de ce Bolet est court, mais fort épais à sa base, charnu, d'un gris un peu bistré à la superficie du chapeau dont la première peau est mince. Le *chapeau* est épais, d'une forme carré-long , convexe , plus large que le pédicule n'est long et de la même couleur que lui. Ses *tubes* , d'abord d'un blanc de lait , deviennent plus tard d'un blanc sale. La *chair* est blanche comme la neige, mais elle change de couleur , et devient bleue dès qu'on la froisse ou qu'on l'entame. *Végétation*. Le Bolet indigotier croît sur terre ; quelquefois sa surface est comme poudreuse ; lorsqu'il a crû dans un lieu très-humide , le changement de couleur de sa chair est peu sensible. *Propriétés*. Quoique M. Bosc assure que le Bolet indigotier se mange dans le Piémont , cependant sa couleur changeante doit au moins le rendre suspect.

IX. BOLET CORIACE. (Pl. 10, fig. LLL.)

Synonymie. Boletus coriaceus. Schœff. , t. 125.

Caractères botaniques. Pédicule. Presque toujours plein. *Chapeau*. Jaune de Sienne , irrégulièrement arrondi , plus ou moins enfoncé dans le milieu. On trouve assez fréquemment deux ou trois Bolets de cette espèce réunis par leur chapeau, sans qu'on puisse découvrir l'endroit de leur réunion. Il y a, dit Bulliard , un grand nombre de variétés de cette plante , dont le chapeau est dans la première zône et de couleur jaune de Sienne , ombré de teintes plus foncées ; dans la seconde , il est noirâtre et zôné ; dans d'autres variétés le chapeau est zôné de couleurs variées. *Tubes*. De même couleur que le chapeau. *Saveur et odeur*. Nulles. *Végétation*. On trouve ce Bolet sur les troncs d'arbres abattus , sur les vieilles souches à demi pourries ; il est vivace , d'une substance sèche , coriace et solide. *Propriétés*. Il n'y a rien , dit Bulliard , qui indique comment il peut nuire , cependant il en est soupçonné.

x. Bolet hérissé. (Pl. 10 , fig. M.)

Synonymie. Boletus hispidus. Bull. , p. 210. — Boletus villosus. Huds. , Angl. , p. 626.

Caractères botaniques. Pédicule. Nul , ce Bolet étant sessile et attaché par le côté. *Chapeau.* Brun marron , ou jaune rouge ; visqueux , de huit à neuf pouces de diamètre , assez épais , hérissé de poils rudes ; d'une forme ordinairement semi-orbiculaire , mais variable ; sa couleur change aussi du jaune au rouge. Il en est d'un jaune orangé ou rouge de brique en dessus et jaune en dessous ; d'autres sont d'un rouge de sang en dessus , et de couleur fauve en dessous. Toutes les espèces noircissent en vieillissant. *Tubes.* Nombreux , accolés les uns aux autres , ciliés à leur ouverture. *Consistance.* Coriace , mais cependant mou et aqueux. Il se dessèche sur l'arbre qui le nourrit et y reste long-temps sans s'altérer. Si on le dépèce , il en sort une eau rouge comme du sang. Sa chair est composée de fibres qui se terminent en poils roides et très-distincts qui rendent la superficie du chapeau rude au toucher , et font éprouver au tact la sensation d'un velours qu'on frotterait à contre-poil. *Saveur et odeur.* Il est légèrement acide au goût et à l'odorat. *Végétation.* On trouve ce Champignon en automne dans les cicatrices des vieux arbres , tels que noyers et pommiers , etc. *Propriétés.* Plein de confiance dans les sages observations de Palisot de Beauvois qui regarde ce Bolet comme une espèce très-malfaisante , je le signalerai comme suspect , encore bien que quelques auteurs prétendent qu'il est comestible.

XI. Bolet frangé. (Pl. 10, fig. NN.)

Synonymie. Boletus fimbriatus. Bull., p. 254.

Caractères botaniques. Pédicule. Plein, solide, long d'un à deux pouces, et de couleur chamois, ou brun rouge clair ainsi que le chapeau. *Chapeau.* Zôné de raies noires sur un fond brun rouge clair ; en forme de coupe et à bords festonnés et frangés et rarement égaux. Quelquefois même plusieurs chapeaux sont réunis au point de n'en former qu'un pour plusieurs pédicules. *Tubes.* Continus avec la chair, inégaux entre eux, et d'un diamètre assez grand ; de même couleur que le pédicule et le chapeau. *Consistance.* Solide et coriace. *Végétation.* On trouve ce Champignon dans les bois, en été. Il vient sur terre et se plaît dans les chemins les plus fréquentés. *Propriétés.* Il est si dur et si peu substantiel, que je l'ai exclu de la classe des comestibles, cependant je ne lui connais pas de principe délétère.

XII. Bolet nummulaire. (Pl. 10, fig. OOO.)

Synonymie. Boletus nummularius. Bull., p. 124.

Caractères botaniques. Pédicule. Blanchâtre au sommet et toujours noir à sa base ; jamais central, mais assez élevé, grêle et courbe. *Chapeau.* Dans l'état de jeunesse, arrondi comme une pièce de monnaie, d'où lui vient son nom. Sa superficie est sèche, plus ou moins colorée en jaune, ou bistre clair, quelquefois même entièrement blanche. *Chair.* Coriace et difficile à déchirer. *Tubes.* Alvéolaires, courts et réguliers. *Saveur.* Un peu amère. *Odeur.* Nulle. *Végétation.* On rencontre communément cet élégant Bolet, en août et septembre, dans les bois de haute futaie et dans les lieux humides. Il ne végète jamais que sur le bois mort et seulement sur de menues branches que l'on trouve à terre. *Propriétés.* Sans être malfaisant, il n'est pas alimentaire.

XIII. BOLET RAMEUX. (Pl. 6, fig. EE.)

Synonymie. Boletus ramosus. Bull. — Persoon, Syn., p. 549.

Caractères botaniques. Genre II. *Poria* de Persoon. Tubes adhérens entre eux, placés à la surface inférieure et sur plusieurs autres parties de la plante; chapeau irrégulier.

Pédicule. Nul. *Chapeau.* Jaune fauve, très-friable étant sec; divisé dès la base en rameaux cylindriques, renflés à la partie supérieure. *Tubes.* Courts. *Chair.* Blanche. *Goût et saveur.* Nuls. *Végétation.* On le trouve dans les carrières, dans les souterrains et sur les bois putréfiés. *Propriétés.* Les habitudes de ce Bolet prouvent qu'il absorbe beaucoup d'azote, et que, par conséquent, on doit l'éloigner de la cuisine.

XIV. BOLET PARASITE. (Pl. 6, fig. G.)

Synonymie. Boletus parasiticus. D.

Caractères botaniques. *Pédicule.* Cannelé, jaune de soufre, couvert d'aspérités, et courbe à sa base. *Chapeau.* Jaune de soufre, garni de figures pentandriques de plusieurs dimensions et à raies brunes sur le fond jaune, ce qui produit le plus joli effet. *Tubes.* Moyens

et d'un jaune verdâtre. *Végétation*. On le trouve ordinairement implanté sur les Vesse-Loups de grande dimension. *Propriétés*. Il n'est point comestible.

XV. **Bolet jaune et épais**. (Pl. 5 . fig. P.)

Synonymie. Boletus luteus et crassus. Bull. et D.

Caractères botaniques. *Pédicule*. Courbe à sa base ,
et plein d'une substance ferme dans sa jeunesse , mais
qui devient spongieuse en vieillissant. *Chapeau*. D'un
blanc jaunâtre et marbré , assez régulièrement arrondi ,
convexe, quelquefois légèrement aplati , et même un peu
creux. Sa substance est ferme , épaisse ; elle change de
couleur dès qu'on l'entame. *Tubes*. Jaunâtres , ayant la
forme d'une éponge. Ceux qui environnent le pédicule
à son insertion sont allongés et ne peuvent en être séparés dans leur entier. *Port*. Il a rarement plus de trois
pouces de hauteur. *Odeur*. Sulfureuse. *Saveur*. Il est
mucilagineux et presque sans goût déterminé. *Végétation*. On le rencontre , en été et en automne , dans les
bois ombragés. *Propriétés*. Quoiqu'il ne paraisse pas
contenir des principes délétères , on n'est pas , dit
Bulliard , dans l'usage d'en manger.

CHAMPIGNONS SUSPECTS.

IV. Genre VESSE-LOUPS.

Caractères génériques. Champignons n'ayant point de chapeau bien distinct ; séminules contenues dans un réceptacle commun, fermé dans le jeune âge. Expansion fongueuse, arrondie, d'abord charnue et ferme, puis se convertissant en une bourse pleine d'une poussière brune ou verdâtre.

I. Vesse-Loup a verrues. (Pl. 4 , fig. Z.)

Synonymie. Lycoperdon verrucosum. D. — Vesse-Loup ciselé. Lycoperdon cœlatum. Cordier, 229. — L. gemmatum. Schœff.

Caractères botaniques. Cette espèce est retenue en terre par une large touffe de racines ; elle est rétrécie à la base et arrondie au sommet. Sa surface alternativement jaune, cendrée ou roussâtre, enfin brune, est couverte de verrues ou pustules à base large ; la chair, d'abord blanche, devient jaune, enfin se convertit par la dessiccation en une poussière brune qui s'échappe du sommet par la rupture du *peridium. Végétation.* On la trouve en terre en automne. *Propriétés.* Etant jeune, sa chair blanche est, dit-on, comestible, mais je ne con-

seille pas d'en faire usage. Arrivée à son parfait accroissement, sa poussière subtile est âcre et astringente, et
peut occasioner des angines ou des ophtalmies à ceux
qui l'observent de trop près.

CHAMPIGNONS SUSPECTS.

V. Genre **PEZIZES**.

Caractères génériques. Champignons ayant un chapeau soit sessile , soit pédiculé ; séminules attachées à
la surface extérieure. Membrane seminifère lisse et non
pulpeuse. Fongus en forme de coupe ; graines recouvrant la partie supérieure ; point de chapeau ; surface
nue , veineuse ou granuleuse.

1. Pezize scarlatine. (Pl. 9 , fig. DDD.)

Synonymie. Peziza coccinea, sessilis. Poiret. — Peziza
coccinea. Bull. , p. 474. Fungoïdes. Mich. , p. 206 ,
n° 13.

Caractères botaniques. *Pédicule*. Presque nul. Cette
Pezize est sessile. *Corps*. Transparent et fragile comme
la cire. *Surface supérieure*. D'un rouge orangé. *Surface
inférieure*. Jaunâtre ou blanchâtre. *Forme*. D'abord
d'une capsule arrondie et concave , attachée à la terre
par un court pédicule terminé par des racines courtes ,
fibreuses et blanchâtres. Elle grandit et se creuse davantage ; ses bords deviennent ondulés et irréguliers.
La plupart ont la forme d'une oreille , souvent cette
Pezize est partagée jusqu'à sa base en deux lobes qui se

roulent en coquille de limaçon. Sa grandeur varie depuis deux jusqu'à quinze lignes de diamètre. *Reproduction*. L'émission de ses semences, facile à voir, a lieu par jets instantanés. *Végétation*. On trouve cette belle Pezize à la fin de l'été sur les pelouses et au bord des chemins où sa grandeur et la vivacité de sa couleur orangée la font reconnaître de loin. *Propriétés*. On doit l'éloigner des préparations culinaires.

II. Pezize oreille de judas. (Pl. 6, fig. F.)

Synonymie. Peziza auricula. Poiret. — Tremella auricula Judæ. Bull., p. 241, t. 427. f. 2. — Cordier, 97.

Caractères botaniques. *Pédicule*. Nul, cette Pezize étant sessile. *Consistance*. Gélatineuse, mais ferme et élastique. *Organisation*. Composée de deux lames appliquées l'une sur l'autre. *Forme*. Très-irrégulière et ayant presque toujours une grande échancrure qui lui donne la forme d'une oreille humaine. *Dimension*. Quatre pouces de largeur sur un et demi de hauteur. *Surface supérieure*. D'un brun rougeâtre, creusée en soucoupe et diversement plissée. *Surface inférieure*. Plus pâle, pulvérulente, comme tomenteuse et parsemée de réseaux saillans et divergens. *Végétation*. Cette Pezize croît sur les vieux troncs d'arbres et particulièrement sur ceux du sureau. *Propriétés*. Elle est très-purgative et par conséquent ne peut être employée comme alimentaire. On l'employait autrefois en médecine.

CHAMPIGNONS SUSPECTS.

VI. Genre CLATHRES.

Caractères génériques. Champignons ayant un chapeau soit sessile, soit pédiculé ; séminules attachées à la surface extérieure. Membrane séminifère enduite d'une pulpe liquide ; expansion fongueuse, volvacée, arrondie ou oblongue ; sessile ou pédiculée, divisée en lanières, anastomosée en forme de grillage.

1. CLATHRE CANCELLÉ. (Pl. 6, fig. Q.)

Synonymie. Clathrus cancellatus. Bull., De C., Fl. fr. 577. — Clathrus volvaceus. Bull., t. 441. — Clathrus ruber, Michel., t. 93.

Vulgairement. Cranc (Landes), boursette à barreaux. (Paulet.) Cordier., 226. Clathre grillé.

Caractères botaniques. Pédicule. Nul, ce Champignon étant sessile, mais remplacé par un volva ordinairement lisse, quelquefois plissé par petits carreaux, dans lequel la plante était contenue dans sa jeunesse. Elle ne tient à terre que par une très-petite racine. *Organisation.* Substance charnue, globuleuse ou ovoïde, haute de trois ou quatre pouces, d'une couleur rouge de feu, quelquefois orangée, jaune ou blanche, dont les rameaux anas-

tomosés entre eux forment une espèce de voûte percée
de part en part de larges trous carrés ou en losange,
et dont les semences sont mêlées à une substance très-
puante qui, à une certaine époque, tombe en deliquium,
et les entraîne pour la multiplication de l'espèce. (Cordier.)
Végétation. Le Clathre grillé croît en automne dans les
bois secs et les friches du midi de la France et en Italie ;
j'ai trouvé la même espèce aux Antilles. *Propriétés.*
Paulet rapporte une anecdote servant à prouver que ce
beau et singulier Champignon est pernicieux. Les habitans du département des Landes, au rapport de Thore,
s'imaginent qu'il donne le cancer à celui qui le touche.

TROISIÈME PARTIE.

CHAMPIGNONS VÉNÉNEUX.

I. Genre AMANITE.

Caractères de ce genre. Champignons munis, en naissant, d'un volva qui se déchire, et laisse quelquefois des fragmens sur le chapeau. Pédicule plus ou moins renflé à la base. (Roques.)

1. Amanite verruqueuse. (Pl. 7, fig. S.)

Synonymie. Amanita verrucosa. D. Amanita umbrina. Persoon.

Vulgairement. Golmelle ou *Golmotte fausse.* (Meuse.) Cordier.

Caractères botaniques. Pédicule. D'un blanc sale rosé, plein, long de trois à quatre ponces; s'élargissant à la partie supérieure; bulbeux à sa base, recouvert d'écailles produites par les débris du volva, cylindrique dans le reste de sa longueur, muni d'un collet rabattu, blanchâtre et mince. *Chapeau.* De trois pouces de diamètre, d'abord convexe, puis un peu déprimé à son centre, d'un blanc jaunâtre nuancé de rose, et de cette dernière couleur dans les fissures ; recouvert d'un grand nombre de petites verrues surtout au centre, arrondies ou pointues. Les bords sont entiers et non striés. *Lames.* Blanches, libres, nombreuses, inégales. *Chair.* Blanche, et rose à sa superficie. *Odeur.* Violente. *Saveur.* Styptique et salée. *Végétation.* Il croît, toujours solitaire, dans les bois humides les plus ombragés où on le trouve en été et en automne. *Propriétés.* C'est l'un des plus dangereux et qui cause de fréquens empoisonnemens si on a le malheur de le confondre, par sa ressemblance, avec l'*Agaric rougeâtre* (Pl. 3, fig. C.), appelé vulgairement *Golmelle vraie* ou *Golmotte*.

Observation. L'Agaric verruqueux de Bulliard (*Amanita aspera.* Persoon) diffère de celui-ci par son chapeau d'un brun rougeâtre, recouvert de plaques grises, irrégulières et comme farineuses. (Cord.)

II. AMANITE MOUCHETÉE. (Pl. 7, fig. H.)

Synonymie. Amanita muscaria. Persoon. — Ag. pseudo - aurantiacus. Bull. — Ag. muscarius. Orfila. — Hypophyllum muscarium. Paulet.

Vulgairement. Fausse Oronge. Tue-Mouche.

Caractères botaniques. Pédicule. Entièrement blanc ou blanc-jaunâtre, long de quatre à six pouces, plein, cylindrique, à base bulbeuse, offrant à peine quelques traces de volva, mais écailleux jusqu'au collet qui est large, blanc, et presque toujours rabattu. *Chapeau.* Remarquable par sa beauté, et d'une couleur rouge écarlate, plus prononcée au centre, de quatre à six pouces de diamètre; convexe ou presque plane en grandissant, et moucheté de verrues blanchâtres peu nombreuses, éparses çà et là, formées sur les débris du volva, adhérentes au chapeau très-souvent visqueux quoique susceptible d'être pelé. Les bords sont striés. *Feuillets*. Blanchâtres, larges, droits, inégaux, frangés, non adhérens. Ceux qui n'arrivent pas jusqu'au pédicule sont coupés brusquement. *Peau*. Plus épaisse que celle de l'Oronge vraie. *Chair*. Blanche, un peu colorée vers la peau. *Odeur*. Agréable. *Saveur*. Astringente. *Végétation*. Ce dangereux Champignon croît abondamment en septembre, octobre et novembre, dans les bois et les bruyères, le plus souvent solitaire ou par groupes de trois ou quatre individus. On le rencontre souvent au milieu des ronces et des broussailles. *Propriétés*. Mortel.

Observation. L'agonie douloureuse qu'éprouvent les imprudens qui ont mangé de ce Champignon ne dure que douze heures, s'ils ne sont pas promptement secourus. (*Voyez* le Traitement général, pag. xL, § XXI de l'Introduction.)

M. le professeur Vauquelin a obtenu, par l'analyse de ce Champignon, plusieurs sels et une substance grasse qui renferme sa propriété délétère.

Les symptômes de l'empoisonnement, causé par ce funeste Champignon, sont : des spasmes, des tremblemens, une faiblesse extrême, enfin un état de stupeur.

Le docteur Paulet raconte, dans son Traité sur les Champignons, que la princesse de Conti était sur le point de succomber à l'action pernicieuse de ces Champignons qu'on avait pris pour des Oronges ; que vingt-sept grains

d'émétique, administrés dans la journée, n'avaient obtenu
aucune amélioration qu'on ne dut qu'au suc de Raifort,
parce qu'il contient beaucoup d'alcali volatil, et surtout
à un lavement préparé avec une forte décoction de tabac,
lequel fit rendre les Champignons. Mais il fallut beaucoup de ménagemens pour apaiser l'état d'irritation des
viscères, qu'on ne calma qu'avec le lait et les mucilagineux. M. Dubois, auteur d'une excellente méthode botanique, a observé, à Orléans, que le séjour dans l'estomac des morceaux de fausse Oronge, les fait gonfler et
augmenter de grosseur quatre fois plus que lorsqu'ils ont
été avalés. Les Russes se servent de ce Champignon pour
tuer les mouches.

III. AMANITE BULBEUSE VERTE du docteur Roques.
(Pl. 8, fig. II.)

Synonymie. Amanita viridis. Persoon. — Agaricus
phalloïdes. Bulliard. — Amanita venenosa. Orfila. —
Agaricus bulbosus viridis.

Vulgairement. Oronge ciguë verte de Paulet. Amanite bulbeuse verte.

Caractères botaniques. Pédicule. De six pouces de hauteur, droit, plein, d'une substance blanche, spongieuse,
qui disparaît en vieillissant, cylindrique, renflé à sa base
en un bulbe court, entouré par un volva qui laisse
sur le chapeau des débris ou squames plus ou moins larges; pourvu d'un collier blanc rabattu. *Chapeau.* Du
diamètre de trois pouces, convexe, charnu, non strié sur
ses bords, de couleur vert-olive, superficie luisante et
humide. *Lames.* Blanches, nombreuses et inégales. *Chair.*
Ferme et blanche. *Odeur.* Insipide dans la jeunesse,

lorsqu'il se penche, il prend une couleur brune et exhale une odeur cadavéreuse et insupportable. *Saveur*. Désagréable à l'arrière-goût. *Végétation*. On le trouve en août et septembre dans les bois ombragés et humides, et le plus souvent solitaire. *Propriétés*. L'Amanite verte, ainsi que ses congénères, sont des Champignons très-dangereux et qu'il faut exclure de la table. C'est un poison mortel, même à petite quantité, et dont l'effet est très-prompt.

Observations. Il y a deux autres variétés d'Agarics bulbeux : 1° l'Agaricus vernus bulbosus, vulgairement appelé Oronge ciguë blanche; 2° Agaricus bulbosus citrinus, ou Oronge ciguë jaunâtre de Paulet.

IV. AMANITE CITRINE du docteur Roques. (Pl. 7, fig. T.)

Synonymie. Amanita citrina. Persoon. — Agaricus verrucosus. De Candolle.

Vulgairement. Peau de citron.

Caractères botaniques. *Pédicule*. Cylindrique, un peu courbé, bulbeux à sa base et entouré d'un anneau à sa partie supérieure. *Chapeau*. D'abord hémisphérique, prenant ensuite la forme d'un parasol et ayant trois à quatre pouces de diamètre dans son parfait développement; il reste sur le chapeau des fragmens de volva en forme de plaques de figures différentes. *Lames*. Blanches, nombreuses et irrégulières. *Odeur*. Virulente. *Goût*. Désagréable. *Végétation*. On le rencontre fréquemment dans les bois sablonneux. *Propriétés*. Ce Champignon est mortel. Il occasione, à la plus petite dose, le dévoiement et des convulsions.

v. **Amanite printanière** du docteur Roques. (Pl. 7, fig. K.)

Synonymie. Amanita verna. Persoon. — Agaricus bulbosus vernus. Bulliard.

Vulgairement. Toute blanche.

Caractères botaniques. Pédicule. Blanc, plein, cylindrique, un peu courbé et bulbeux. *Chapeau.* Très-peu convexe, d'un blanc mat, quelquefois garni de vestiges du volva, et souvent nué de jaune au centre, continu avec le pédicule. *Lames.* Nombreuses, blanches et recouvertes d'une membrane de la même couleur, qui, en se déchirant, forme une espèce d'anneau ou collet très-régulier autour du pédicule. *Superficie.* Humide. *Odeur.* Fade et nauséabonde. *Saveur.* Désagréable et poivrée après quelques minutes de dégustation. *Végétation.* Dans les bois au printemps. *Propriétés.* Espèce mortelle. *Traitement.* Bulliard recommande, en cas d'accident, de faire promptement vomir le malade et de lui donner ensuite douze gouttes d'éther sulfurique dans un peu de vin, ou à défaut d'éther le suc d'une gousse d'ail ajouté à du lait. (Pour le traitement rationnel, *voyez* page XL, § XXI de l'Introduction.)

Observation. Je ne sais pourquoi on donne le nom d'*Amanite du printemps* à ce Champignon qu'on rencontre plus communément sur les terrains sablonneux.

Cette espèce n'a été malheureusement que trop souvent confondue avec l'Agaric de couche, ou avec l'Agaric comestible des prés et des friches, et comme cette méprise peut coûter la vie à celui qui la commettrait, voici les caractères propres à distinguer l'espèce comestible de l'espèce malfaisante et mortelle. 1°. L'*Agaric comestible* n'a pas de volva, tandis qu'on en observe toujours quelques traces, soit sur le chapeau, soit au bas du pédicule de l'*Amanite printanière*. 2°. L'*Agaric comestible* a la surface sèche, qu'on peut peler facilement, une saveur agréable et une légère odeur de cerfeuil ; l'*Amanite printanière* au contraire a la surface du chapeau un peu humide et sa peau ne s'enlève pas. Son odeur est fade et nauséabonde. Sa saveur, d'abord nulle, devient d'une extrême âcreté. 3°. Les lames de l'*Agaric comestible* sont d'un blanc rosé lilas ou d'un violet tendre, tandis que celles de l'*Amanite printanière* sont constamment blanches. Or, on voit qu'avec une description régulière et ponctuelle, un peu d'attention et surtout des figures exactes des individus, on peut éviter tout accident.

VI. Amanite oronge cigue blanche d'Orfila. (Pl. 8, fig. H.)

Synonymie. Amanita bulbosa alba. Persoon. — Paulet. Agaricus bulbosus vernus, Bulliard.

Vulgairement. Oronge ciguë blanche.

Caractères botaniques. *Pédicule*. Court, gros, blanc, enveloppé d'une partie du volva et muni, à sa partie supérieure, d'un collet rabattu et plissé. *Chapeau*. Entièrement blanc, quelquefois cependant un peu jaunâtre au centre. D'abord convexe, il devient concave, parce que les bords se retroussent après la maturité. *Lames*. Blanches, nombreuses et inégales. *Odeur*. Vireuse. *Saveur*. D'abord nulle, puis âcre. *Végétation*. Dans les bois et au milieu des bruyères. *Propriétés*. Très-dangereux.

VII. AMANITE ORONGE CIGUE JAUNATRE d'Orfila. (Pl. 8, fig. H.)

Synonymie. Amanita citrina. Paulet. — Agaricus bulbosus de Bulliard.

Vulgairement. Citronne , Pàlotte.

Caractères botaniques. Pédicule. Blanc , long de trois à quatre pouces , bulbeux et légèrement strié à son sommet , accompagné d'un collet rabattu et de couleur citrine pâle. *Chapeau*. De la même couleur que celle de l'anneau ou collet. *Lames*. Blanches , nombreuses et inégales. *Odeur*. De moisi. *Saveur*. D'abord nulle , puis âcre. *Végétation*. On le découvre en automne au milieu des feuilles sèches des forêts ou dans les bruyères. *Propriétés*. Très-dangereux.

VIII. AMANITE VERTE d'Orfila. (Pl. 8 , fig. I.)

Synonymie. Amanita viridis. Paulet. — Agaricus bulbosus. Bulliard. Variété.

Vulgairement. Oronge ciguë verte. Variété.

Caractères botaniques. Pédicule. Elancé , blanc, renflé à la base et pourvu au sommet d'un anneau. *Chapeau*. Presque toujours glabre, sans lambeaux ou débris du volva ; de couleur d'herbe quelquefois olivâtre ou grisâtre , selon le professeur Orfila, et d'une taille au-dessus des autres Amanites bulbeuses. *Lames*. Blanches , nombreuses et inégales , relevées par l'enfoncement au centre du chapeau. *Saveur*. Acre. *Odeur*. Nauséeuse. *Végétation*. On rencontre cette espèce en automne dans les bois touffus, mais plus rarement que les autres espèces d'Amanites bulbeuses. *Propriétés*. Cette Amanite est très-dangereuse.

IX. ORONGE CROIX DE MALTE d'Orfila. (Pl. 8, fig. K.)

Synonymie. Hypophyllum crux melitensis. Paulet.

Caractères botaniques. *Pédicule*. Droit et colleté, haut de trois à quatre pouces, d'abord plein et finissant par se vider en grande partie pour devenir fistuleux. Collet et bourse d'un beau blanc. *Chapeau*. De couleur chair pâle ou bistre clair, découpé en cinq ou six parties égales, ce qui lui donne presque l'aspect d'une croix de Malte, offrant au centre un bouton arrondi, un peu relevé et régulièrement circonscrit. Ses lobes ont environ deux lignes d'épaisseur. *Lames*. Presque toutes égales, et de la couleur du chapeau. Elles s'insèrent circulairement et en rayonnant à un espèce de bourrelet sans toucher à la tige. *Chair*. Fraîche et humide. *Saveur et odeur*. Peu remarquables. *Végétation*. On trouve ce Champignon, au mois d'août, dans les bois sombres et un peu humides. *Propriétés*. Vénéneuse.

X. ORONGE SOURIS d'Orfila. (Pl. 8, fig. L.)

Synonymie. Hypophyllum anguineum. Paulet.

Vulgairement. Oronge serpent.

Caractères botaniques. *Pédicule*. De quatre à cinq pouces, d'un blanc sale, tortueux, élevé, grêle et plein d'une substance très-blanche, portant à sa base les débris d'une enveloppe mince qui couvrait le Champignon. *Chapeau.* De forme conique de deux pouces de diamètre , de couleur gris de souris et comme satiné en dessus. *Lames.* Inégales et blanchâtres. *Chair.* Semble formée de petits grains gris , ce qui lui donne l'aspect d'une couleur cendrée. *Saveur.* Acre. *Odeur.* Peu prononcée. *Végétation.* On le trouve en automne sous les bois de pins, et particulièrement en Piémont. *Propriétés.* Ce Champignon nuisible doit être rejeté.

XI. ORONGE PEAUSSIERE de Picardie. (Pl. 8 , fig. M.)

Synonymie. Hypophyllum pellitum. Paulet.

Vulgairement. Rondine.

Caractères botaniques. Pédicule. D'un blanc sale , court , épais , cylindrique , un peu renflé à sa partie inférieure , haut de six pouces ; garni en haut d'un collet rabattu , membraneux et inégalement frangé à son bord libre. *Chapeau.* Inégalement convexe , de six pouces de diamètre ; d'un contour sinueux ; d'un gris jaunâtre à sa surface et recouvert de plaques irrégulières plus foncées , résultant du débris d'un volva. *Lames.* Blanchâtres. *Saveur.* Salée. *Odeur.* Peu agréable. *Végétation.* Cette Oronge se trouve communément en Picardie dans les prés , sur les friches et au milieu des bois peu ombragés. *Propriétés.* Il est vénéneux.

XII. ORONGE DARTREUSE. (Pl. 8 , fig. G.)

Synonymie. Hypophyllum maculatum. Paulet.

Vulgairement. Champignon à verrette , Grivelé visqueux.

Caractères botaniques. Pédicule. D'abord plein , finit par devenir creux en grande partie, ainsi que son bulbe; de quatre pouces de hauteur, blanc et visqueux. *Chapeau.* D'un blanc grisâtre, de trois à quatre pouces de largeur et à peine charnu; garni de pellicules grisâtres, visqueux à sa surface; légèrement rayé; facile à peler, et sujet à se fendre. *Feuillets.* Blancs, entremêlés de petites portions de feuillets vers les bords, ayant leur tranche dentée, s'insérant circulairement comme à un bourrelet qui ne touche point à la tige, et couverts en naissant d'un voile qui se rabat sur la tige en manière de manteau, et forme un collet plus ou moins apparent. *Odeur.* Fade. *Saveur.* Nulle d'abord, puis acrimonieuse. *Propriétés.* Cette Oronge est très-vénéneuse.

XIII. Oronge blanche ou citron. (Pl. 8, fig. H.)

Synonymie. Hypophyllum albo-citrinum. Paulet.

Vulgairement. Bulbeux jaune et blanc.

Caractères botaniques. Bulbe. Fort, saillant et très-arrondi. *Pédicule.* Droit et cylindrique, blanc ou diversement coloré; d'abord plein, puis se creusant avec l'âge, s'évasant à son insertion au chapeau, avec lequel il semble se confondre; muni d'un collet. *Chapeau.* Circulaire, à surface plus ou moins humide, de forme régulière, tantôt d'un blanc sali de jaune, avec des parcelles de coiffe jaunâtre ou terreuse, ou d'un brun sale; tantôt avec un chapiteau uni, d'un blanc quelquefois net et d'autres fois avec une teinte jaune. *Feuillets.* Blancs, dont la tranche forme une surface égale et unie; presque tous de longueur égale, à l'exception de quelques feuillets qu'on trouve vers les bords, et dont la base semble tenir aux autres feuillets complets comme par de petites brides ; ces feuillets s'insèrent circulairement sur une sorte de bourrelet qui leur sert de soutien, et ne touchent point au pédicule. (Orfila.) *Saveur*. Acre. *Odeur*. Peu remarquable. *Végétation*. On le trouve en automne dans les bois. *Propriétés*. Vénéneuse.

XIV. Oronge a pointes de trois quarts. (Pl. 8 , fig. N.)

Synonymie. Hypophyllum tricuspidatum. Paulet.

Vulgairement. Palette à dards.

Caractères botaniques. *Pédicule*. Haut de cinq à six pouces, blanc, cylindrique, plein, offrant à sa base un bulbe qui finit, dit Paulet, par devenir creux comme la tige. *Chapeau*. Régulièrement circulaire, couvert de pointes triangulaires égales, de forme pyramidale, d'un blanc sale, fortement adhérentes par leur base à la peau qui recouvre le chapeau. *Feuillets*. Verdâtres, ordinairement couverts d'une poussière semblable à une fleur de farine, et d'un voile fin qui finit par tenir uniquement à la tige et lui sert de collet. *Saveur*. Acre après quelques momens. *Odeur*. Légère de souris. *Végétation*. On trouve ce Champignon en automne dans les bois humides. *Propriétés*. Il est vénéneux.

XV. Oronge a rape. (Pl. 8 , fig. O.)

Synonymie. Hypophyllum rapula. Paulet.

Vulgairement. Petite râpe.

Caractères botaniques. *Pédicule*. Blanc, très-court.

épais, bulbeux, plein d'une substance moelleuse. *Chapeau*. Couleur de noisette en dessus et offrant une multitude de pointes inégales, dit Paulet, semblables à celles
d'une râpe ordinaire et d'une couleur plus foncée que
celle du chapeau. *Feuillets*. Minces, très-serrés, blancs,
couverts d'abord d'un voile tendre, mais très-apparent,
qui se déchire en plusieurs portions, et finit par s'effacer
entièrement. *Saveur*. Amère. *Odeur*. Peu distincte.
Végétation. On trouve ce Champignon en automne dans
les bois humides et ombragés. *Propriétés*. Il est vénéneux.

XVI. AMANITE VÉNÉNEUSE. (Pl. 8, fig. Z.)

Synonymie. Agaric meurtrier de Bulliard. — Amanîta
venenata, nº 5, de l'Encyclopédie par ordre de matières.

Caractères botaniques. *Pédicule*. Court, tantôt rond,
tantôt aplati ; plein, d'un blanc sale. *Chapeau*. D'un
roux brun, convexe, un peu enfoncé dans son milieu,
lorsqu'il est tout-à-fait développé, tanné à sa superficie,
et comme frangé en ses bords. *Lames*. D'un blanc sale,
et inégales entre elles. *Chair*. Remplie d'un suc blanc,
laiteux et très-âcre. *Odeur*. Nulle. *Saveur*. Très-âcre.
Végétation. On trouve ce Champignon dans les bois
humides en août et septembre. *Propriétés*. Bulliard,
Paulet et tous les auteurs qui ont donné son histoire,
assurent qu'il est nuisible à la plus petite dose, et que
son lait est si âcre qu'il produit sur la langue les effets
de la brûlure. On pense que l'huile prise promptement
et en grande quantité, en boissons et en lavemens, peut
remédier à ses mauvais effets. Pour plus de sûreté, je
recommande le traitement rationnel indiqué pag. LX,
§ XXI de l'Introduction.

(138)

Nota. Cette Amanite vénéneuse est décrite n° 5 du mot *Amanite* de l'Encyclopédie, où on la confond avec l'Agaric meurtrier de Bulliard. Je la rappelle ici pour la signaler comme très-dangereuse.

XVII. AMANITE PERNICIEUSE A SUC JAUNE. (Pl. 7 , fig. M.)

Synonymie. Agaric meurtrier de Roques. — Fungus perniciosus lateritio colore varians, succum acrem et croceum fundens, pediculo brevi. Mich. Gen. 141.

Caractères botaniques. Pédicule. Epais, court, d'un jaune pâle et un peu fistuleux. *Chapeau.* Convexe d'abord, puis enfoncé dans son milieu, d'une couleur roussâtre, et distinctement tanné ou velu en sa superficie, et frangé en ses bords. *Lames.* Jaunâtres et inégales. *Chair.* Répandant un suc jaune très-âcre. *Odeur.* Nulle. *Végétation.* On trouve ce Champignon en automne dans les bois humides, sous les pins et dans les bruyères. *Propriétés.* Il est très-vénéneux.

Nota. Il ne faut pas confondre cette Amanite avec l'Amanite rougeâtre avec laquelle elle a beaucoup de rapport. Cette dernière est excellente à manger, tandis qu'une mort horrible, au milieu de coliques atroces, attend celui qui fait usage, comme aliment, de l'*Amanite pernicieuse.*

XVIII. AMANITE DES GAZONS. (Pl. 9 , fig. FF.)

Synonymie. Amanita cespititia. Dubois, Flore d'Orléans.

Caractères botaniques. Pédicule. Blanc, bulbeux, court. *Chapeau.* D'abord convexe, puis relevant ses bords, et formant un entonnoir en vieillissant. D'un blanc jaunâtre. *Lames.* Blanches et égales. *Saveur.* Douceâtre. *Odeur.* D'anis. *Végétation.* On la trouve sur les pelouses et au milieu des bruyères. *Propriétés.* Très-dangereux.

XIX. AMANITE VOLVACÉE. (Pl. 6 , fig. M.)

Synonymie. Amanita virgata. Persoon. — Agaricus volvaceus. Bulliard. Pl. 262.

Vulgairement. Amanite à grande coiffe.

Caractères botaniques. Volva. Persistant, complet, épais, très-ample, rayé comme le chapeau, enveloppant tout le Champignon dans sa jeunesse. *Pédicule.* Nu et continu avec la chair du chapeau. *Chapeau.* D'abord d'une teinte brune et égale, mais il se bigarre progressivement de brun et de blanc, ce qui le fait paraitre comme velu et peluché. *Chair.* Peu épaisse. *Lames.* Inégales, blanches dans leur jeunesse, et d'une couleur briquetée ou saumonée dans un âge avancé ; les lames entières sont peu nombreuses, et vont se terminer à quelques lignes du pédicule. *Saveur.* Elle est d'abord douce au goût, mais peu de temps après l'avoir mâchée, elle laisse dans la gorge une âcreté insupportable. *Odeur.* De moisissure. *Végétation.* On la trouve quelquefois dans les bruyères, en juillet et août, mais plus souvent par groupes sur le tan des serres chaudes. *Propriétés.* Très-dangereux. Suivant M. Braconnot, cette Amanite contient une huile brune fluide, et un principe volatil.

XX. Amanite volvacée mineure. (Pl. 6 , fig. N.)

Synonymie. Agaricus volvaceus minor. Bull., pl. 33o.

Vulgairement. Amanite à petite coiffe.

Caractères botaniques. Volva. Complet et persistant ; renferme en son entier cette Amanite dans sa jeunesse, puis se crevant, laisse se développer lentement le Champignon qui n'a pas plus d'un pouce et demi de hauteur, quand il est parvenu à son parfait accroissement. *Pédicule.* Évasé à son extrémité supérieure, élancé, fin, blanc, continu avec la chair du chapeau, plein, transparent comme de la nacre de perle, sans collet, dit Bulliard, mais pourvu seulement d'un volva que cette Amanite conserve tout le temps de son existence. *Chapeau.* De treize à quatorze lignes de diamètre, la superficie semble recouverte d'un tissu drapé ou d'une légère toile d'araignée. *Chair.* Peu épaisse. *Feuillets.* Larges, épais, peu nombreux et irréguliers. *Saveur et odeur.* Non déterminées. *Végétation.* On trouve ce joli Champignon en août et septembre dans les bois, les jardins ; il vient sur la terre et se plaît à l'exposition du midi. *Propriétés.* Très-dangereux.

XXI. Amanite gendarme. (Pl. 5 , fig. 2.)

Synonymie. Fungus perniciosus, fœtens, supernè flavescens, infernè albicans. (D. Campagne.)

Vulgairement. Gendarme.

Caractères botaniques. Pédicule. Gros comme le petit doigt à sa partie supérieure, et plus épais à sa base ;

uni, blanc, d'une substance spongieuse , haut de quatre à cinq pouces. *Chapeau.* Blanc intérieurement et recouvert d'une peau luisante d'un jaune tirant sur le blond. *Feuillets.* Peu écartés , de deux à trois lignes de largeur vers le milieu et devenant plus étroits soit près du pédicule , soit aux bords du chapeau. *Volva.* Il se déchire en tous sens , à proportion que le Champignon se développe et grandit. *Saveur.* Ce Champignon est insipide et n'occasione aucune âcreté à la langue , mais il rend la salive gluante et visqueuse. Les limaces en sont friandes , et n'en sont point empoisonnées. *Odeur.* Fétide. *Végétation.* On le trouve , dit le docteur Campagne , dans les bois sombres et épais des environs de Bordeaux , où il exhale une odeur fétide. *Propriétés.* Quand on l'écrase, le changement de sa couleur n'est d'abord pas sensible , quelque temps après il devient noirâtre , et donne un suc visqueux qui noircit la lame du couteau , sans faire changer de couleur au papier bleu.

Le docteur Roques cite plusieurs empoisonnemens par ce Champignon pernicieux.

CHAMPIGNONS VÉNÉNEUX.

II. Genre AGARICS VÉNÉNEUX.

Caractères du genre Agaric. Chapeau pédiculé, garni en dessous de lames disposées en rayons qui renferment les semences. Absence de volva ou de bourse. Pédicule nul, latéral ou excentrique.

I. Agaric laiteux orangé. (Pl. 8, fig. P.)

Synonymie. Agaricus aurantiacus, pileo subangusto, plano, aurantiaco, lamellis albis, subdecurrentibus, stipite brevi. — Agaric pyrogale du professeur Orfila.

Vulgairement. Peau d'orange.

Caractères botaniques. Port. Très-peu élevé de terre. *Pédicule.* Court et épais, blanchâtre. *Chapeau.* D'abord convexe, puis plan, enfin comprimé, glabre, un peu déprimé au centre, de couleur orange foncée, marqué de zônes concentriques d'un ton plus vigoureux ; du diamètre de trois à quatre pouces, répandant un suc laiteux très-âcre. *Lames.* Blanches, nombreuses et inégales. *Chair.* Cassante et blanche. *Odeur.* Nauséabonde. *Saveur.* Âcre. *Végétation.* On le trouve, en automne, dans les forêts un peu humides et couvertes. *Propriétés.* Il est vénéneux comme tous ses congénères à suc laiteux âcre.

11. AGARIC BRULANT d'Orfila. (Pl. 8 , fig. Q.)

Synonymie. Agaricus pyrogalus de Bulliard.

Caractères botaniques. Pédicule. Cylindrique, nu , plein, d'un jaune livide, long de deux à trois pouces. *Chapeau.* D'abord convexe, puis presque plan, un peu déprimé au centre, de la même couleur que le pédoncule, souvent marqué de zônes concentriques noirâtres. Il atteint quelquefois cinq pouces de diamètre. *Feuillets.* Nombreux, un peu rougeâtres, inégaux, adhérens un peu au pédicule. *Saveur.* Acre. *Odeur.* Peu pénétrante. *Végétation.* On le rencontre en septembre et octobre dans les bois. *Propriétés.* Vénéneux.

III. AGARIC STYPTIQUE. (Pl. 8 , fig. RR.)

Synonymie. Agaricus stypticus. Bull. Persoon. (Classe des Pleuropes.)

Caractères botaniques. Pédicule. Nu , plein, légèrement comprimé et d'un gros calibre à son insertion. *Chapeau.* Sec, de la forme d'une oreille, d'un roux plus ou moins foncé, ayant les deux extrémités prolongées et arrondies, et les bords roulés en dessous. *Lames.* Etroites, entières, d'une nuance presque semblable à celle du chapeau et faciles à en être séparées. *Chair.* Molle et se déchirant difficilement. *Saveur.* Acre ; si on le mâche, il occasione à la gorge une sensation brûlante, signe non équivoque d'une qualité délétère. *Végétation.* On le trouve par groupes, en automne et en hiver, dans les bois, sur les troncs des vieux chênes coupés. *Propriétés.* D'après des observations exactes faites par Bulliard,

Persoon, Paulet et Roques, tous les Champignons de la classe des Pleuropes sont suspects et ne doivent point être recherchés comme alimentaires. L'Agaric styptique est un des plus vénéneux Champignons.

IV. Agaric caustique de Roques. (Pl. 9, fig. EE.)

Synonymie. Agaricus pyrogalus. Bull., De Candolle et Roques, p. 27. (Persoon. Lactaires.)

Caractères botaniques. Port. Varié d'après les âges, c'est-à-dire convexe, blanc ou concave. *Pédicule.* Nu, plein, cylindrique, de deux à quatre pouces de hauteur sur une épaisseur de quatre à cinq lignes, de la couleur du chapeau. *Chapeau.* Large de trois à six pouces, d'abord convexe, puis déprimé au centre et ombiliqué, d'un jaune terreux, marqué de zônes noirâtres; répandant, par les cassures, un suc laiteux blanc, douceâtre dans sa jeunesse, âcre et caustique à la maturité. *Feuillets.* Nombreux, inégaux, rougeâtres, adhérens au pédicule. *Végétation.* Cet Agaric croît solitaire et dans les bois. *Propriétés.* Vénéneux, ainsi que presque toutes les espèces à suc laiteux.

Nota. Cette espèce a beaucoup de rapport avec l'Agaric à lait doux de Bulliard, si ce n'est pas la même.

V. Agaric annulaire de Bulliard. (Pl. 10, fig. PP.)

Synonymie. Agaricus annularis. Bull., t. 377 et 540. — Agaricus congregatus. Bolt., Fung., 140. — A. stipitis. Sowerby. — A. melleus, Fl. Dan., t. 1013. —

A. polymices. Persoon. — Hypophyllum polymices. Paulet, tr. 2, p. 304, t. 148. Cordier, 199.

Nota. Plusieurs auteurs ayant donné le nom d'Agaric annulaire à plusieurs Champignons fort différens entre eux, j'ai cru convenable, dans cet article, d'en indiquer les figures, pour éviter toute méprise et toute confusion.

Caractères botaniques. Pédicule. Offrant un collier entier, épais, redressé en forme de godet, charnu, cylindrique, glabre ou couvert de petites écailles, long de trois à cinq pouces, souvent un peu courbé et renflé à sa base, plein ou fistuleux. *Chapeau.* De couleur fauve ou rousse, large de trois à quatre pouces, convexe, mamelonné vers le centre et taché de petites écailles noirâtres. Les bords sont entiers, légèrement sinueux, non étalés. *Feuillets.* Décurrens, inégaux, blancs ou jaunâtres, larges et recouverts en naissant d'une membrane qui se déchire pour se convertir en collier. *Odeur.* Fétide. *Saveur.* Il occasione à la gorge après l'avoir mangé une forte astriction, signe de la présence d'un principe vénéneux. *Végétation.* Il croit en automne, en groupes très-nombreux, au pied des arbres. *Propriétés.* Très-vénéneux, quoique le docteur Letellier annonce en avoir mangé sans en être incommodé. Il faut croire en ce cas que la fungine n'a aucune action délétère sur l'estomac de notre honorable confrère ; car, sans me citer, le docteur Paulet l'a donné à un chien qui en est mort au bout de douze heures. On lui trouva tous les viscères enflammés et contenant une mucosité épaisse, ou un liquide noir de la couleur du Champignon décomposé.

B. **Agaric annulaire** du docteur Orfila. (Pl. 8, fig. T.)

Synonymie. Agaricus mutabilis de Schœff. — Agaricus caudicinus, vel polymices de Perscon.

Vulgairement. Tête de Méduse de Paulet.

Caractères botaniques. *Pédicule*. Charnu, cylindrique, un peu courbé à sa base où il est un peu renflé ; long de trois à quatre pouces, pourvu d'un collier redressé en forme de godet, glabre ou garni de petites écailles. *Chapeau*. D'une couleur fauve ou rousse, convexe, mamelonné au centre et tacheté de petites écailles glabres, à bords entiers, un peu sinueux, non étalés. *Feuillets*. D'abord blancs, entremêlés de portions de feuillets, et adhérant fortement au pédicule, où ils se terminent par des nervures fines, en se confondant avec sa substance. Ces feuillets finissent par prendre une légère teinte rousse. *Odeur*. Fétide. *Saveur*. Excessivement astringente *Végétation*. Ce Champignon croît en automne sur la mousse, au pied des chênes et en groupes très-nombreux. *Propriétés*. Très-dangereux.

C. **Agaric annulaire** du docteur Roques. (Pl. 9, fig. H.)

(*Voyez* pag. 39 de la *Phytographie médicale*.)

Il y a eu méprise, je crois, de la part du célèbre auteur de cet excellent ouvrage, car il y donne la véritable description de l'Agaric annulaire de Bulliard, et l'espèce figurée sous le nom d'Agaric annulaire porte, d'après la figure de la *Phytographie*, un chapeau non mamelonné, puis des filamens aranéeux au lieu d'un collier, ce qui, par conséquent, porte ce Champignon dans la classe des *Cortinaires*. Les descriptions étant à peu près les mêmes, quelle confusion sans figures! Quoi qu'il en soit, ces trois espèces doivent être signalées comme des Champignons très-vénéneux.

VI. Agaric pectinacé. (Pl. 9, fig. A.)

Synonymie. Agaricus pectinaceus. Bull. Herb., t. 509. — De Cand., *Flore franç.*, 369. — A. pileo subdepresso, margine striato, stipite albido, cylindrico, lamellis adnexis. De Cand., Synop., pag. 28. (Persoon, *Russules.*)

Vulgairement. Agaric à dents de peigne.

Cette espèce varie beaucoup de couleur et d'aspect; on lui reconnaît quatre variétés bien distinctes qui ont les mêmes propriétés nuisibles.

1°. Variété A. — Toute blanche. — Ag. lacteus, pileo subdepresso, albo, margine lævi, lamellis, aquose pallidis. Persoon.

2°. Variété B. — De couleur fauve, rougeâtre, avec les feuillets blancs. — A. fulvus., Bull. — A. emeticus acris, pileo depresso, margine sulcato, sanguineo rubro, lamellis candidis, stipite albo, rubellore rario. Persoon. (Pl. 10, fig. Z.)

3°. Variété Y. — Chapeau de couleur d'ocre jaune. — Ag. ochroleucus pileo flavescente planisculo, margine lævi, lamellis stipiteque albis. Persoon. (Pl. 7, fig. P.)

4°. Variété P. — De couleur rose et les lames blanches. — Ag. rosaceus, pileo convexo, plano, sublævi, roseo, seu dilutè rubro, lamellis stipiteque albis. Persoon.

Caractères botaniques. Les caractères propres aux quatre espèces sont : *Pédicule.* Nu, cylindrique, élancé, droit, court et trapu, ou épais et courbé ; blanc ou jaune, plein, long d'un pouce à deux, suivant l'espèce ; souvent attaqué par les vers. *Chapeau.* D'abord convexe, puis plan, et enfin déprimé ou concave, et dont les bords, quelquefois irrégulièrement relevés, sont marqués de stries produites par l'insertion des feuillets. La couleur du chapeau est blanche, ou fauve rougeâtre, ou jaune d'ocre, ou rose, suivant la variété. *Lames.* Blanches ou jaunes, simples, égales en longueur, adhérentes au pédicule, presque droites et quelquefois très-saillantes. *Saveur.* Acre et brûlante. *Odeur.* Assez agréable, d'agaric de couche. *Végétation.* Ces Champignons perfides, et que leur aspect invite à cueillir, croissent solitaires dans les bois, où on les rencontre assez fréquemment en été et en automne. *Propriétés.* Les quatre espèces sont vénéneuses.

VII. AGARIC EN BOUCLIER. (Pl. 10, fig. QQ.)

Synonymie. Agaricus clypeolarius. Bull., t. 405 et 506. — Hypophyllum colubrinum. Paul., tr. 2, p. 291. — Cordier, 203. — Agaric clypéolaire. (*Lepiota* de Persoon).

Vulgairement. Coulemelle d'eau. Paulet. (Persoon. *Lepiota.*)

Caractères botaniques. Cette espèce varie beaucoup

d'aspect. *Pédicule*. Blanc, fistuleux, non bulbeux à sa base, long de quatre à cinq pouces, comme cotonneux au-dessous du point d'insertion du collier, lisse supérieurement ; ce collier, peu consistant, ne se voit que dans les jeunes individus. *Chapeau*. Du diamètre de deux à quatre pouces, d'abord ovoïde, puis plan et quelquefois concave par le redressement des bords, mais toujours proéminent au centre ; sa surface est blanchâtre, parsemée de mouchetures roussâtres, fort nombreuses dans la jeunesse, surtout au centre du chapeau. *Lames*. Blanches, inégales, non adhérentes au pédicule. *Chair*. Molle. *Odeur*. Désagréable. *Végétation*. L'Agaric en bouclier croît solitaire dans les lieux humides et ombragés des bois, en été et en automne, toujours à terre. Il est assez commun. *Propriétés*. Vénéneux, quoi qu'en dise le docteur Letellier, qui ne reconnaît que très-peu d'espèces vénéneuses ; j'ai malheureusement des preuves du contraire, dans les accidens survenus à ceux qui ont mangé des espèces signalées comestibles par le docteur Letellier. Je lui demande pardon de cette observation.

Nota. On confond quelquefois cet Agaric avec celui appelé *Agaric élevé* (Agaricus procerus) ; mais ce dernier a le chapeau beaucoup plus large, il est plus élevé, et surtout *muni d'un collier mobile*. Son chapeau est d'ailleurs d'un roux panaché de brun ; la peau qui le recouvre se soulève par écailles, ce qui lui donne un aspect singulier. L'*Agaric élevé* a d'ailleurs une odeur et un goût très-agréables. On le trouve en été et en automne dans les bois découverts, et non dans les bois humides comme l'Agaric clypéolaire.

(*Voyez*, pour la confrontation des deux dessins, l'Agaric élevé. Planche 3.)

VIII. AGARIC ACRE. (Pl. 8, fig. S.)

Synonymie. A. âcre d'Orfila. — A. poivré blanc de quelques auteurs. — A. laiteux âcre de Bulliard. — Agaricus lactifluus acris, Bull.

Vulgairement. Agaric laiteux, poivré blanc de Paulet. — Lamburon, vache-blanche. (Vosges.)

Les auteurs de la *Flore française* le regardent comme une variété de l'Agaric poivré blanc.

Caractères botaniques. Pédicule. Plein, court, épais et continu. *Chapeau*. Très-blanc et bien arrondi dans l'état de jeunesse, perdant sa blancheur à un âge plus avancé, et prenant la forme d'un entonnoir, dont les bords, légèrement cotonneux ou glabres, deviennent inégaux. *Lames*. Entières, semi-décurrentes, rares ou très-multipliées, d'abord de couleur blanche, puis de couleur paille en vieillissant; souvent on ne voit que des parties de feuillets. *Végétation*. On le trouve au printemps et en automne dans les bois. *Propriétés*. Très-dangereux; on prétend que la cuisson peut le rendre comestible, mais je ne m'y fierais pas.

IX. AGARIC ACRE CONTROVERSE de Cordier. (Pl. 8, fig. 5.)

C'est une variété du précédent. Voici sa description.

Caractères botaniques. Pédicule. Nu, ordinairement court et épais. *Chapeau*. Du diamètre de six pouces, d'une couleur grisâtre, fuligineuse ou cendrée, avec des taches brunes, plus aplati que dans l'espèce précédente , un peu oblique. Les bords sont velus , sinueux et un peu roulés en dessous , visqueux dans les temps de pluie. Ce chapeau , dit Cordier , est quelquefois zôné. *Feuillets*. Roses , ou de couleur roux clair , très-nombreux , simples ou rameux non décurrens. *Saveur*. Son suc laiteux , d'abord insipide et blanc , devient bientôt jaune , excessivement âcre et brûlant , et cependant plusieurs l'indiquent comme alimentaire , surtout lorsqu'on l'a fait dessécher pour la provision d'hiver. *Végétation*. Il croît à terre en été et en automne dans les forêts , et sur les pelouses et dans les broussailles. *Propriétés*. Je le regarde comme très-dangereux , et j'engage à le traiter comme tel.

x. Agaric amer. (Pl. 9 , fig. I.)

Synonymie. Agaricus amarus , Bulliard. — A. lateritius , Persoon. — Agaricus auratus , OEder. , Roques. — Hypophyllum sulfuratum , Paulet.

Vulgairement. Têtes de soufre. Paulet. (Cortinaires de Persoon.)

Caractères botaniques. *Pédicule*. Un peu tortueux et tubulé , nu , long de deux à trois pouces , jaune avec de petites peluchures noires , débris d'un collier filamenteux et fugace. *Chapeau*. D'abord hémisphérique , puis plane et quelquefois concave , large de deux pouces , peu charnu , d'une nuance jaune , un peu plus foncée vers le centre qui est mamelonné. *Superficie*. Sèche et plissée. *Feuillets*. Inégaux , décurrens , d'un gris verdâtre , recouverts , dans le premier âge , d'une membrane fine , blanche , qui disparaît , ou laisse à peine quelques traces

sur le pédicule. *Saveur*. Acre et très-amère. *Odeur*.
Très-agréable. *Végétation*. On trouve ce Champignon
en juin et juillet, dans les bois, sur les bords des chemins, à l'ombre. *Propriétés*. Bulliard, tout en remar-
quant que son amertume insupportable en éloignait les
vers, croit néanmoins qu'il n'a pas de qualités nuisibles;
mais le docteur Roques observe, d'après le docteur
Paulet, que son principe délétère n'affecte pas de suite
les animaux qui en ont brouté, mais ils éprouvent quelques heures après des étourdissemens, une soif dévo-
rante, refusent toute nourriture et sont chancelans. Ceux
qui vomissent le poison ne meurent pas, ceux qui le re-
tiennent expirent au milieu d'atroces convulsions.

XI. Agaric laiteux acre. (Pl. 8, fig. U.)

Synonymie. Agaricus lactifluus acris, Bulliard, pl. 200.
Orfila, pl. 19. — A. piperatus, Schœffer, tab. 23.

Vulgairement. Laiteux poivré blanc de Paulet.

Caractères botaniques. *Pédicule*. Plein, court, épais
et continu. *Chapeau*. Très-blanc et bien arrondi dans
sa jeunesse, puis perdant sa blancheur et prenant la
forme d'un entonnoir; ses bords, qui sont légèrement
cotonneux ou glabres, deviennent inégaux. *Chair*. Ferme,
cassante et grumeleuse; en quelque endroit qu'on l'in-
cise, il en découle un suc blanc laiteux. *Feuillets*. Entiers, semi-décurrens, rares ou très-multipliés, toujours
blancs et non point colorés comme dans l'Agaric âcre.
Saveur. Caustique. *Odeur*. D'anis. *Végétation*. On le
rencontre dans les bois ombragés au printemps et en
automne. *Propriétés*. Bulliard assure qu'étant cuit sur le

gril il n'est pas malfaisant ; cependant je le signale comme vénéneux.

XII. AGARIC LAITEUX POINTU ROUGISSANT. (Pl. 8, fig. V.)

Synonymie. Hypophyllum pudibundum. Paulet.

Vulgairement. Jus rouge.

Caractères botaniques. Pédicule. Sa tige est une continuité de la substance du chapeau, elle est cylindrique et pleine d'une substance moelleuse. *Chapeau.* Dont le centre est élevé en pointe aiguë, qui bientôt est remplacé par une cavité ; blanchâtre. *Chair.* Rouge carmin, fournissant un suc de même couleur qui devient plus foncée par son exposition à l'air. *Lames.* Blanches, taillées en biseau, et de longueur inégale. *Saveur.* Acre et brûlante. *Odeur.* Peu remarquable. *Végétation.* Ce Champignon, plus rare en France qu'en Italie et dans le Piémont, se trouve dans les bois et dans les prés. *Propriétés.* Il est vénéneux. Le docteur Picio de Turin, rapporte le docteur Roques, ayant administré à un chien ce Champignon haché avec de la viande, l'animal périt de gangrène au bout de douze heures.

XIII. AGARIC BIFIDE. (Pl. 8, fig. X.)

Synonymie. Amanite à lames fourchues, Amanita furcata. (*Encycl.* P. O. de M.) — Agaricus bifidus. Bull. — Agaricus furcatus. De Candolle, *Flore franç.* 371.

Vulgairement. Vert bouteille.

Caractères botaniques. Pédicule. Blanc, nu, cylindrique, épais d'un pouce, long de deux environ, plein dans sa jeunesse, et devenant creux et spongieux en vieillissant. *Chapeau*. D'un vert terne et inégal, dont la superficie semble moisie ou farineuse ; de quatre pouces de diamètre, rond dans sa jeunesse, puis plan et ayant le centre déprimé, ou concave, et les bords recourbés en dessous et déchirés. *Feuillets*. Blancs, tous entiers, peu nombreux, épais, la plupart bifurqués ou trifurqués vers le milieu ou les deux tiers, attachés au pédicule. *Chair*. Très-blanche, de nature caséeuse, sèche et cassante. *Odeur et saveur*. Fade et nauséeuse dans la jeunesse, puis amère et salée dans un âge plus avancé.

Végétation. Ce Champignon se trouve en juin et juillet dans les bois découverts, sur les pelouses et sur les terrains secs et arides. *Propriétés*. Il est extrêmement dangereux.

XIV. AGARIC POIVRÉ FÉTIDE. (Pl. 9, fig. K.)

Synonymie. Agaricus fœteus. De Candolle, *Flore franç.*, 370. — Cordier, 157. — Agaricus piperatus. Bull., t. 292.

Vulgairement. Agaric jaune à bords cannelés.

Caractères botaniques. *Port*. Champignon ramassé et peu élevé. *Pédicule*. Nu, plein, long de deux pouces, épais de plus d'un. *Chapeau*. D'un jaune terreux sale, et tirant sur le fauve ainsi que le pédicule ; de huit à dix pouces de diamètre ; d'abord convexe, puis fortement déprimé au centre, sinué sur les bords, et marqué tout le long de son contour de cannelures articulées ; ce chapeau est visqueux et a peu de chair. *Lames*. Rares, épaisses, souvent fourchues, égales entre elles, et non adhérentes au pédicule, de couleur fauve. *Odeur*. Désagréable. *Saveur*. Acre et très-poivrée. *Chair*. Aqueuse et cassante.

Végétation. On le trouve en automne dans les bois, au milieu des gazons. *Propriétés.* Vénéneux, quoique attaqué par les limaçons.

Nota. Plusieurs auteurs ont confondu pour la synonymie cette espèce avec l'Agaric blanc à bords retroussés, n° 23. Persoon, au mot *Agaric poivré* de son Traité, pag. 218, annonce que cet Agaric est l'*Agaricus amarus* de Schœffer, l'*Agaricus acris* de Bulliard, le laiteux *poivré blanc* de Paulet. Il est aisé de reconnaître, d'après cette méprise de la part d'un auteur célèbre, dans quelle confusion on se trouverait avec les meilleures descriptions sans le secours de figures exactes. Le *poivré jaune à cannelures*, dont il s'agit ici, n'a aucune ressemblance et ne peut être confondu avec le *poivré blanc de Paulet*, Agaric âcre de De Candolle, l'Agaric à bords retroussés, l'Agaric blanc à lames roses de Roques, vulgairement *Latyron roussette* de Paulet. (*Voyez* n° 23.)

L'Agaric poivré contient, suivant M. Braconnot, de l'albumine, de l'adipocire, du sucre, de l'acétate de potasse, etc. ; un principe gélatineux et une liqueur laiteuse blanche, qui se concrète et se dissout facilement dans l'alcool qui devient d'une belle couleur d'or.

Ce sont les principes mucilagineux que contient cet Agaric qui l'ont fait employer, par plusieurs médecins, dans certains cas de phthisie pulmonaire. On accorde les mêmes propriétés pectorales à l'Agaric délicieux (*Agaricus deliciosus. Lin.*) dont le chapeau est d'un brun rouge vif, les lames inégales et fournissant un suc rougeâtre, ou d'un jaune de safran. On le dit exquis, il se trouve en abondance à la fin de l'automne dans les forêts du Nord ; mais il y a tant de médicamens plus convenables, que je crois prudent d'éloigner cet agent suspect de la thérapeutique.

XV. AGARIC RUSSULE ACRE. (Pl. 9, fig. ZZ.)

Synonymie. Agaricus pectinaceus roseus. — C'est la variété P. Ag. rosaceus, pileo convexo, plano, sublævi, roseo seu dilutè rubro ; lamellis, stipiteque albis. (Persoon. *Russules.*)

Caractères botaniques. Pédicule. Blanc, nu, cylindrique, charnu, plein, long de deux à trois pouces, épais de quatre à six lignes, velu à la base. *Chapeau.* Rouge, d'abord convexe, ensuite plan ou avec le centre déprimé et souvent concave ; surface gluante, les bords sont quelquefois irrégulièrement relevés, et l'impression des feuillets y marque des stries assez sensibles ; en regardant le chapeau à travers le jour, ses feuillets paraissent former un réseau. *Feuillets.* Simples, presque droits, adhérens au pédicule, et tous d'égale longueur. *Végétation.* Cette espèce croît solitaire dans les bois, on la trouve en automne. *Propriétés.* Très-vénéneux.

XVI. AGARIC ROUGE de Roques. (Pl. 7, fig. L.)

Synonymie. Agaricus ruber. Roques. — De Candolle. — Agaricus sanguineus. Bull. — Agaricus emeticus. Schœff. (Persoon. *Russules.*)

Caractères botaniques. Pédicule. Blanc, quelquefois nué de rouge ou de couleur fauve, cylindrique, plein ou fistuleux, d'après l'âge, et souvent bigarré de stries noires ou roses. *Chapeau.* Rose, rouge incarnat, ou rouge brun, suivant l'âge ; de quatre pouces de diamètre, d'abord convexe, ensuite plan, puis enfin concave. Il est en général d'un rouge de sang plus ou moins foncé, ce qui l'avait fait confondre avec l'Agaric sanguin de Roques, dont il a d'ailleurs les mêmes propriétés délétères. *Lames.* Blanches, fragiles, nombreuses, égales, bifurquées, un peu décurrentes sur le pédicule. *Chair.* Blanche, ferme, cassante, non laiteuse, et presque toujours rongée par les limaces. *Saveur.* D'une âcreté insupportable. *Odeur.* Doucereuse. *Végétation.* Le vif éclat de ce Champignon non laiteux le fait remarquer dans nos forêts, où on le rencontre, à la fin de l'été, au pied des hautes futaies et quelquefois sur les collines. *Propriétés.* Ce Champignon est extrêmement dangereux. L'empoisonnement qu'il produit se traite, selon Roques, par les boissons gommeuses, après le vomitif, si on a été appelé assez à temps pour le prescrire.

Nota. Plusieurs auteurs ont encore confondu l'Agaric rouge, *Agaricus ruber*, avec l'Agaric sanguin, *Agaricus sanguineus* ou *emeticus* (pl. 8, fig. Y). Le pédicule de l'Agaric rouge de Roques est renflé à sa base et *courbe*, tandis que l'Agaric sanguin a le pédicule *droit*, court, conique, plus large à la partie supérieure.

Deux autres Agarics qui ressemblent à ceux-ci et qui sont également vénéneux, ce sont l'*Agaric rose*, *Agaricus rosaceus* de Bulliard, et l'*Agaric bifide*, *Agaricus furcatus*; mais son chapeau est verdâtre, déprimé vers le centre, et ses lames sont toutes bifurquées.

En thèse générale, il faut bien se rappeler que tous les Champignons de la classe des *Russules* sont dangereux, excepté l'espèce appelée *Russule palomet* que j'ai décrite dans la première partie, que le docteur Thore cite comme un Champignon très-délicat et recherché par les habitans des Landes.

XVII. AGARIC MEURTRIER. (Pl. 8, fig. ZZ.)

Synonymie. Agaric vénéneux. — Syn. Agaric meurtrier de Bull. — Agaricus necator. — Bull., t. 529. — Orf., t. 19, f. 3. — Agaricus torminosus, Schœff. Fung., t. 12. — Hypophyllum torminosum. Paulet.

Noms vulgaires. Morton, Raffoult, Calalos (des Bordelais), Rougeole à lait âcre, Paulet. (Cordier.)

Caractères botaniques. Pédicule. Deux à trois pouces de hauteur, nu, cylindrique. *Chapeau.* D'abord convexe, puis plan et enfin concave au centre, et souvent marqué de zônes concentriques. Il n'atteint pas au-delà de trois pouces de diamètre. Ses bords, qui sont velus et frangés, surtout dans sa jeunesse, sont roulés en dessous. *Feuillets.* Inégaux, souvent blanchâtres ou de couleur jaune pâle. *Chair.* Ferme et cassante. *Suc.* Laiteux, blanc ou jaunâtre. *Saveur.* Acre et caustique. *Végétation.* Comme dans les bois et les friches. *Saison.* Fin de l'été et en automne. *Propriétés.* Très-dangereux.

Observation. Il n'est jamais attaqué par les limaces ou par les vers, présomption d'une qualité malfaisante. Le docteur Letellier annonce en avoir mangé plusieurs fois sans en être incommodé; n'aurait-il pas pris pour cet Agaric meurtrier celui cité sous ce nom dans la Phytographie du docteur Roques, et que je crois être l'*Agaric pernicieux* (pl. 7, fig. M.) Ce qu'il y a de certain, c'est que, d'après les expériences multipliées de Bulliard, de Paulet et les miennes, ce Champignon est reconnu

nuisible à la plus petite dose ; son lait est si âcre qu'il occasione de suite des ampoules ou des érosions à la langue après la dégustation. Bulliard recommande l'huile
promptement et en grande quantité, en boissons et en
lavemens, pour remédier à ses effets funestes.

XVIII. AGARIC PERNICIEUX. (Pl. 7 , fig. M.)

Synonymie. Agaricus perniciosus. D. — Agaric meurtrier du docteur Roques.

Nota. Le docteur Roques, dans sa savante Phytographie, a donné le nom d'Agaric meurtrier de Bulliard à
l'Agaric pernicieux. Comme ces confusions fréquentes
nuisent aux nomenclatures, je crois pouvoir me permettre d'offrir à mes lecteurs le parallèle de ces deux
espèces bien distinctes par leurs caractères particuliers,
la forme du Champignon étant d'ailleurs la même dans
les deux individus.

Agaric meurtrier du docteur Roques.	*Agaric meurtrier de Bulliard.*
Pédicule élevé et courbé ;	Pédicule très-court et conique ;
Chapeau à bords unis ;	Chapeau à bords frangés ;
Couleur paille foncée ;	Couleur brune ramoneuse ;
Zônes du chapeau peluchées sur six rangées concentriques. (*Voy.* pl. 7, fig. M.)	Taches du chapeau d'un noir foncé, irrégulières, et couvrant tout le chapeau. (*Voy.* pl. 8, fig. ZZ.)

Caractères botaniques. *Pédicule*. Un peu élevé, courbé,
épais, d'une couleur pâle et légèrement fistuleux. *Chapeau*. Elégant de forme, d'abord convexe, puis offrant
plus tard au centre une dépression en forme de soucoupe,
de couleur de chair, douce à la vue, ou de couleur de
paille, ou de tan peu foncé, avec des zônes concentriques plus pâles ; les bords sont unis, velus et agréable-

ment peluchés. *Lames*. Jaunâtres , inégales , un peu écartées , dont les plus grandes forment une espèce de renflement à l'insertion du pédicule. *Chair*. Cassante et répandant un suc laiteux, quelquefois d'une blancheur éblouissante et souvent d'un jaune citron. *Saveur*. Le suc laiteux qui s'épanche de toutes les parties est âcre et caustique. *Odeur*. Assez agréable. *Végétation*. On trouve ce beau Champignon dans les bois et dans les bruyères, en été et en automne. *Propriétés*. La moindre quantité de ce Champignon, au rapport du docteur Roques, suffit pour causer des accidens funestes. Je puis certifier ce fait. Dans les Vosges, où il croît en abondance , les paysans le rejettent et s'en détournent , tant ils redoutent son influence délétère.

Symptômes de l'empoisonnement. Les accidens causés par l'ingestion de ce Champignon produisent chez le malade une diarrhée violente , précédée et accompagnée de coliques atroces , de syncopes fréquentes , suivies d'une prostration générale et d'un spasme universel. (*Voyez* le traitement à suivre en pareille circonstance dans l'Introduction qui se trouve à la tête de ce volume, pag. LX, § XXI.)

XIX. AGARIC EN ENTONNOIR. (Pl. 7 , fig. 12.)

Synonymie. Agaricus infundibuliformis.

Vulgairement. Entonnoir ferme et vénéneux de Paulet.

Caractères botaniques. *Port*. Forme exacte d'un entonnoir dont la tige figure le goulot , et le chapeau évasé représente le pavillon. *Pédicule*. Fauve, d'abord plein , mais devenant creux par la suite , court, large et cannelé plus ou moins profondément. *Chapeau.* Bombé en sortant de terre, à bords roulés en dessous et à feuillets plissés ; ses bords se déroulent, il parvient à la hauteur de six pouces et prend la forme d'un entonnoir, mais ses feuillets restent toujours constamment pliés comme au premier âge ; sa couleur, d'abord d'un fauve marron, brunit et devient bistre. *Lames.* De la teinte générale du Champignon, plissées et écartées les unes des autres, entremêlées de loin en loin de quelques portions de feuillets vers les bords du chapeau, les plus longues se perdent en nervures sur la tige. *Chair.* Ferme. *Odeur et saveur.* Celles du Champignon des friches, avec un léger parfum de pain d'épice ou d'anis. *Végétation.* Ce Champignon, assez rare, se plaît dans les lieux bas, au milieu des bruyères humides et sous les pins. *Propriétés.* Cette espèce, selon le docteur Paulet, donnée aux animaux, les incommode d'une manière sensible ; ils la rejettent bientôt après l'ingestion par le vomissement, mais ils sont très-abattus et périraient infailliblement si on ne leur portait de prompts secours.

xx. Agaric verre a boire de Paulet. (Pl. 9, fig. L.)

Synonymie. Agaricus cyathiformis.

Caractères botaniques. Port. Forme d'un verre à patte. *Pédicule.* Nu, grêle, plein, fibreux, de deux à trois pouces de hauteur. *Chapeau.* En forme d'entonnoir avec les bords festonnés, de deux à quatre pouces de diamètre, d'une couleur jaune ou roussâtre, souvent fauve, sale et terne. *Surface.* Sèche et douce au toucher, et dont la peau s'enlève facilement. *Lames.* D'une couleur rembrunie, très-serrées et de longueur inégale. *Odeur.*

Peu sensible. *Saveur*. Acidule. *Substance*. Molle et peu épaisse. *Propriétés*. Le docteur Paulet prétend que, donnée à des animaux, cette espèce ne les a point incommodés, mais sa saveur acidule me l'a fait classer, par prudence, parmi les vénéneux. *Végétation*. On le trouve dans les lieux bas, humides et ombragés des bois ; nouvelle preuve qu'il est au moins suspect.

XXI. AGARIC A ZONES. (Pl. 9, fig. MM.)

Synonymie. Agaricus lactifluus zonarius. Bull.—Agaricus flexuosus. Persoon. (Lactaires.)

Variété. Agaric à lait jaune. — Agaricus theiogalus. Bull. et Persoon.

Caractères botaniques. Pédicule. Plein, long d'un pouce et demi, cylindrique, d'un roux fauve. *Chapeau*. A deux ou quatre pouces de diamètre, d'abord convexe, puis plan, enfin concave, glabre, de couleur fauve et zôné. *Feuillets*. Blancs, inégaux, adhérens et décurrens sur le pédicule, où ils finissent en pointe. *Chair*. Blanche et devenant jaune à la cassure ; le suc jaunit au moindre contact de l'air. *Saveur*. Acre. *Odeur*. Nauséeuse. *Végétation*. On trouve ce Champignon en été et en automne dans les bois, où il vit solitaire. *Propriétés*. D'après le professeur Vauquelin, ce Champignon donne une matière grasse, d'une saveur âcre. Très-dangereux.

XXII. AGARIC TESTACÉ. (*Voyez* la figure de l'espèce précédente.)

Synonymie. Agaricus testaceus. Persoon. — Encycl. méth., 395. Agaricus pileo planiusculo, fulvo, cinnamomeo, lamellis pallescentibus , stipite crassiusculo. Persoon. Syn., pag. 431. (Lactaires.)

Variété B. A. fulvo-croceus, pileo subdepresso , glabro , papillato, stipiteque longo , fulvo-croceo ; lamellis confertis , pallidis. Pers. l. c.

Variété γ. A. aurantiacus , pileo subangusto , planiusculo, aurantiaco ; lamellis pallidis , subdecurrentibus , stipite longo.

Caractères botaniques. Cet Agaric présente , comme ou le voit, plusieurs variétés dans sa couleur , mais les caractères sont à peu près les mêmes. *Pédicule.* Long de deux ou trois pouces , un peu épais, fauve ou d'un jaune safran. *Chapeau.* Convexe , puis plan , comprimé , glabre, un peu mamelonné , large de trois pouces , fauve ou d'un jaune cannelle , quelquefois ponctué. *Lames.* Nombreuses et plus pâles que le chapeau. *Saveur.* Acre. *Végétation.* Il croît dans les forêts. *Propriétés.* Son suc laiteux et âcre le rend très-vénéneux.

XXIII. AGARIC A BORDS RETROUSSÉS. (Pl. 9 , fig. GG.)

Synonymie. Agaric poivré blanc de Roques. — Agaricus controversus. Pers. — Piperatus. Roques. — Agaricus acris. Bulliard. (Que d'épithètes souvent répétées !)

Vulgairement. Chavanes, Latyron ou Roussette. Paulet. C'est , je crois , une variété de l'Agaric âcre , blanc et poivré d'Orfila.

Caractères botaniques. Pédicule. Court , épais , blanc et cylindrique. *Chapeau.* D'abord d'un blanc de neige , large de six pouces , un peu déprimé , à bords velus , sinueux, et un peu roulés en dessous, visqueux pendant les temps pluvieux. Ce chapeau est quelquefois zôné. *Feuillets*. Roses, ou de couleur roux-clair, très-nombreux, simples ou rameux, non décurrens. *Saveur*. Chair ferme, blanche et cassante, remplie d'un suc laiteux, d'abord insipide, puis excessivement âcre et brûlant. *Odeur*. Désagréable. *Végétation*. Il croît en été et en automne dans les bois et les avenues. *Propriétés*. Quoiqu'on mange impunément ce Champignon dans plusieurs pays du Nord, je le signale en France comme très-dangereux. Devrait-il cette innocuité à l'influence du climat et de la température ? Quoique plusieurs voyageurs cherchent à rassurer sur ses qualités (au moins suspectes), surtout en le soumettant à une coction prolongée et en l'associant à des substances huileuses, néanmoins je conseille de s'en abstenir.

Le docteur Letellier a pu, à l'exemple de Mithridate, accoutumer progressivement les tuniques villeuses de son estomac à l'action évidemment délétère de la fungine ou portion délétère du Champignon, puisque, dans son traité, il annonce avoir mangé de toutes les espèces les plus vénéneuses sans en avoir éprouvé la moindre incommodité. Cependant, malgré l'assertion de mon honorable confrère, en conclura-t-on qu'il n'y a pas de Champignon vénéneux ? Cela serait ridicule et très-dangereux à annoncer ; mais pour concilier l'opinion du docteur avec la mienne, car je ne prétends point ici blâmer l'assertion du docteur Letellier, je conviendrai seulement que son estomac est à l'abri du poison ; cela est tellement possible que mon fils mangea progressivement jusqu'à un gros d'arsenic sans succomber : or ce n'est point une raison pour faire croire que l'arsenic n'est pas un poison

XXIV. AGARIC PALE. (Pl. 10 , fig. R.)

Synonymie. Agaricus pallidus.

Vulgairement. Agaric livide.

Caractères botaniques. *Pédicule*. Allongé et blanchâtre, pointillé de noir. *Chapeau*. Ombiliqué, visqueux, de couleur de chair, ou jaune paille avec des zônes de couleur noire. *Lames*. Plus pâles que le chapeau et même presque blanches. *Saveur*. Il en découle un suc très-âcre. *Odeur*. De fumier. *Végétation*. On le trouve en automne dans les bois de hêtres. *Propriétés*. Il est vénéneux.

XXV. AGARIC PLOMBÉ (Pl. 9, fig. N.)

Synonymie. Agaricus lactifluus plumbeus. Bull. Persoon. Variété de l'Agaric engaîné.

Vulgairement. Coucoumelle grise , Coucoumelle grisette.

Caractères botaniques. *Port*. Arrondi dans l'état de jeunesse, puis en forme de coupe, ainsi que tous ceux de la classe des Lactaires. *Pédicule*. Jaune chamois, continu, court, large et évasé à son extrémité supérieure, plein, spongieux et se creusant avec l'âge. *Chapeau*. D'abord arrondi, puis creusé en entonnoir, à superficie sèche, de couleur de bronze ou enfumée, de couleur noire violâtre, ou plombée et sans zônes ; on le pelle facilement sur les bords. *Chair*. Cassante, blanche. *Suc*. Laiteux, abondant, découlant particulièrement d'entre les lames et se concrétant par le contact de l'air. *Lames*. Inégales, couleur de chamois, entières, se terminant en pointe sur le pédicule, vers lequel elles ont une légère décurrence. *Saveur*. Extrèmement âcre. *Végétation*. On le trouve dans les bois en septembre et octobre. *Propriétés*. Très-vénéneux.

XXVI. **Agaric poudreux**. (Pl. 9 , fig. OOOO.)

Synonymie. Agaric pulvérulent. — Agaricus pulverulentus. Bull., t. 178. Variété de l'Agaric amer. — Agaricus fascicularis. Persoon. (Gymnopes.)

Caractères botaniques. Port. Ce Champignon vient par touffes et est remarquable par la quantité prodigieuse de poussière qui s'échappe de ses feuilles et qui donne une couleur de tabac d'Espagne à tout ce qui la reçoit. *Pédicule*. Glabre, fistuleux, jaune d'ocre, cylindrique et s'élevant à la hauteur de quatre pouces. *Chapeau*. Couleur de jaune d'ocre, ceux plus élevés non poudreux comme ceux de dessous. Forme d'abord conique, puis évasée, quoique le centre reste toujours mamelonné. *Feuillets*. Inégaux, adhérens au pédicule et chargés d'une poussière roussâtre. *Saveur*. Excessivement amère. *Odeur*. Désagréable. *Végétation*. On trouve cet Agaric en été et en automne sur les souches pourries. *Propriétés*. Très-vénéneux.

XXVII. **Agaric aranéeux**. (Pl. 6, fig. OO.).

Synonymie. Agaricus araneosus. Bulliard. — Agaricus floccosus. Schœff. (Cortinaires de Persoon.)

Variété. Violette. (Pl. 6 , fig. P.)

Caractères botaniques. Port. Peu élevé. *Pédicule*.

Gros, plein, très-épais, bulbeux et renflé à la base, marqué dans sa longueur de blanc et de raies rouges. *Collet.* Fibrilles divergentes, formant un tissu réticulaire attaché au bord du chapeau. Ces fibrilles tiennent lieu de collet et disparaissent à un certain âge. *Chapeau.* Sphérique, ainsi que la base du pédicule, à l'état de jeunesse, offrant l'aspect de deux boules appliquées l'une contre l'autre. A mesure qu'il se développe les bords se détachent du sommet du pédicule et laissent voir des filamens qui ressemblent à une toile d'araignée dont le pédicule est le centre. Elles se détachent peu à peu, et une partie reste attachée aux bords du chapeau et l'autre au sommet du pédicule. Le chapeau de la première espèce est d'un roux jaunâtre, celui de la variété est violet ainsi que le reste du Champignon. *Lames.* Blanches dans la jeunesse et de même couleur que le chapeau à l'âge adulte ; elles sont très-larges, surtout à l'extrémité qui touche au pédicule ; inégales et divisées en feuillets, demi-feuillets et quarts de feuillets. *Odeur.* Désagréable. *Saveur.* Amère et nauséabonde. *Végétation.* En automne, dans les bois et les lieux incultes et couverts. *Propriétés.* Cet Agaric est très-vénéneux.

XXVIII. AGARIC ARANÉEUX VIOLET. (Pl. 6, fig. P.)

Synonymie. Agaricus araneosus violaceus. Bull. — A. violaceus. L. S. P. (Pers. Cortinaires.)

Caractères botaniques. Pédicule. Continu et toujours renflé à sa base. *Chapeau.* Quand ce Champignon est jeune, les bords du chapeau sont unis au pédicule par une prodigieuse quantité de filamens qui ressemblent parfaitement aux fils d'une toile d'araignée. A mesure

qu'il se développe, ces filamens se brisent et restent attachés partie aux bords du chapeau et partie au pédicule,
lorsque le Champignon est parvenu à son parfait accroissement. Il répand une poussière très-abondante et de
couleur de tabac d'Espagne. *Feuillets.* Larges, ceux qui
sont entiers ne touchent au pédicule que dans la jeunesse et s'en séparent dans un âge plus avancé. *Saveur.*
Acre et brûlante. *Odeur.* Désagréable.

XXIX. AGARIC CREVASSÉ. (Pl. 10, fig. Z.)

Synonymie. Agaricus rimosus. Bulliard, t. 388 et
599. De Candolle, *Flore franç.*, 517. — Agaricus auri-
venicus. Batsch. Elench., t. 20, f. 107. (Pers. Gymnopes.)

Caractères botaniques. Pédicule. Nu, plein, cylindrique, long de deux à six pouces, d'un blanc sale ou fauve.
Chapeau. Large de deux à trois pouces, peu charnu,
peluché ou lisse, et comme satiné, strié de fauve et de
jaunâtre, irrégulièrement crevassé de fentes longitudinales, rayonnantes ; ce chapeau est d'abord conique,
puis s'aplanit et conserve un mamelon à son centre. *Lames.* Fauves ou rougeâtres, sinueuses, inégales, libres,
nombreuses. *Odeur.* Nauséeuse et virulente. *Saveur.*
Acre. *Végétation.* On trouve assez communément, en
été et en automne, l'Agaric crevassé, à terre, dans les
bois et sur le bord des routes. *Propriétés.* Très-dangereux. Persoon rapporte dans son Traité sur les Champignons qu'une famille entière a été empoisonnée à Turin
par ce Champignon.

XXX. AGARIC NARCOTIQUE. (Pl. 9, fig. P.)

Synonymie. Agaricus narcoticus. Batsch. — Persoon. Genre Coprinus.

Caractères botaniques. Pédicule. Subulé, c'est-à-dire en alène, ou plutôt qui se rétrécit insensiblement depuis le milieu jusqu'au sommet. *Chapeau.* D'abord oblong, puis convexe, puis plan ; large d'un demi-pouce ; velu, puis glabre, cendré, marqué de plis nombreux, bifides et d'écailles recourbées. *Lames.* Peu nombreuses, alternes, irrégulières, blanches à leur insertion avec le pédicule, et noires vers les bords. *Odeur.* Vireuse, qui occasione en l'observant de près une céphalalgie assez intense, si on n'a pas le soin de poser auprès une coupe remplie de vinaigre. *Saveur.* Acre. *Végétation.* On trouve ce petit Champignon par groupes sur le bord des chemins. *Propriétés.* Il est très-dangereux.

XXXI. AGARIC PERROQUET. (Pl. 9, fig. Q.)

Synonymie. Agaricus psittacus. Persoon. — Agaricus cameleo. Bulliard.

Vulgairement. Verdet, Ververt.

Caractères botaniques. Port. Champignon visqueux, de moyenne taille, remarquable dans sa jeunesse par une couleur verte, élégante, mais brunissant lorsqu'il vieillit. *Pédicule.* Cylindrique, plein, quelquefois creux vers son sommet, long de deux pouces et plus. *Chapeau.* Protubérant, campanulé, ou en cône plus ou moins évasé ; presque plan dans la vieillesse, sinueux ou fendu sur les

bords, strié et rayé de jaune, vert ou bigarré. *Lames.*
D'un jaune doré, ascendantes, celles du milieu plus larges, adhérentes. *Chair.* Très-fragile. *Saveur.* Acide.
Odeur. Nauséabonde. *Végétation.* Il croît, en automne,
par touffes, dans les prés secs, sur les collines et parmi
les bruyères. *Propriétés.* Ses couleurs signalent ses principes vénéneux.

XXXII. AGARIC COULEUR DE SOUFRE. (Pl. 7, fig. OO.)

Synonymie. Agaricus sulfureus. Bull. Herb., t. 168
et t. 545, f. 2. — De Candolle, *Flore franç.*, 490.
Cordier, 184.

Caractères botaniques. Port. Tout le Champignon est
d'un jaune de soufre. *Pédicule.* Long de deux à trois
pouces, nu, cylindrique, un peu effilé vers le bas,
fibreux, glabre, plein et quelquefois fistuleux. *Chapeau.*
De deux pouces de diamètre; quelquefois mamelonné et
fauve à sa superficie, d'abord conique, puis convexe,
ayant le centre souvent déprimé, charnu, à superficie
sèche et ne se pelant pas. *Feuillets.* Inégaux, larges,
terminés en pointe, adhérens au stipe et quelquefois légèrement décurrens. *Chair.* Jaune. *Odeur.* De chenevis
pourri, étant jeune, puis de cadavre lorsqu'il a atteint
son accroissement. *Saveur.* De moisissure. *Végétation.*
On trouve assez communément ce Champignon en septembre et octobre, dans les bois, toujours solitaire,
jamais sur les bois pourris, mais toujours à terre. *Propriétés.* Il est très-vénéneux.

XXXIII. Agaric gris de souris. (Pl. 9, fig. K.)

Synonymie. Agaricus murinaceus, Bull. — A. mitratus de Persoon.

Caractères botaniques. Port. Elevé et souvent ayant le chapeau recourbé. *Pédicule.* Plein, nu, cylindrique, quelquefois sillonné, de couleur grisàtre, marqué de stries noiràtres, éparses, long de trois pouces et plus, épais de sept à huit lignes. *Chapeau.* Orbiculaire, souvent sinué ou fendu ; convexe dans sa jeunesse, grisàtre avec des stries noiràtres, quelquefois roux à son centre, large de quatre à cinq pouces. *Chair.* Cassante et d'une blancheur éblouissante. *Lames.* Libres, nombreuses, inégales, blanches, sinueuses, échancrées à leur base, remarquables par leur largeur et leur épaisseur. *Végétation.* On le trouve en automne sur terre, dans les bois de haute futaie. *Propriétés.* Je crois devoir le signaler comme dangereux.

XXXIV. Agaric crétacé. (Pl. 10, fig. SS.)

Synonymie. Agaricus cretaceus. Persoon. — Agaricus cœspitosus, albus, pileo carnoso, convexo, plano ; lamellis subconfertis, adnexis ; stipite longiusculo, solido, subtomentoso. Persoon. Syn., p. 369. (Gymnopes.)

Caractères botaniques. Pédicule. Haut de trois pouces, tomenteux, un peu comprimé, surtout vers la base, et un peu courbé, point fistuleux ; blanc sablé de noir dans toute son étendue, si ce n'est à la base qui est de couleur fauve. Ce pédicule est pourvu d'un collier. *Chapeau.* Charnu, d'abord convexe, puis plan, du diamètre de deux à trois pouces, d'un blanc de craie et sablé de points noirs. *Lames.* Nombreuses, minces, étroites, adhérentes, couleur de vert d'eau. *Saveur et odeur.* Insignifiantes. *Végétation.* On le trouve sur les montagnes, parmi les pins, par groupes de cinq à six individus adhérens par leur base. Les jeunes individus ont le chapeau convexe et tacheté de peluchures de couleur fauve ; c'est aussi la couleur de la base renflée du pédicule. *Propriétés.* On le croit vénéneux.

XXXV. AGARIC OCHRACÉ. (Pl. 9 , fig. R.)

Synonymie. Agaricus ochraceus. Bull.—Agaricus mediocris, subgregarius, pileo subcarnoso, umbone ferrugineo ; lamellis confertis, plerumque pallidis ; stipite squammoso, annulato. Persoon. Syn. (Lepiota.)

Caractères botaniques. Pédicule. Fistuleux, cylindrique, courbé, long de deux pouces sur deux à trois lignes de large, chargé de quelques écailles au-dessous de l'anneau qui est déchiré et peu apparent, d'un jaune pâle. *Chapeau.* Médiocrement charnu, d'abord très-convexe, ensuite un peu plus en forme de cloche, large d'un à deux pouces, ayant le sommet proéminent et de couleur bistre sur un fond jaune, doux à la vue, et se dégradant vers les bords qui sont souvent plissés et ridés par les débris de la coiffe, ce qui le rend un peu écailleux. *Lames.* Nombreuses, plus pâles que le reste de la plante. *Saveur.* Amère. *Odeur.* Nauséeuse. *Végétation.* On le trouve solitaire ou en groupes peu nombreux parmi les bruyères, ou dans les bois de pins. *Propriétés.* Vénéneux.

Nota. Il y a plusieurs variétés : 1° à lames ferrugineuses ; 2° à chapeau très-pâle ; 3° à chapeau d'un blanc éblouissant.

Nota. Il y a plusieurs variétés : 1° à lames ferrugineuses ; 2° à chapeau très-pâle ; 3° à chapeau d'un blanc éblouissant.

CHAMPIGNONS VÉNÉNEUX.

III. Genre MÉRULE.

Caractères botaniques des Mérules. Chapeau garni de rides qui remplacent les feuillets; pédicule nul ou s'attachant sur le côté.

1. Mérule en trompette a pied noir. (Pl. 9, fig. TT.)

Synonymie. Helvelle en trompette.—Helvelle cantharelloïde.—Merulius tubæformis. Pers. De C. — Helvella tubæformis. Bull.

Caractères botaniques. Port. Ce Champignon ressemble, si l'on veut, à une trompette dont le pavillon serait sinueux, et le corps serpentant. *Pédicule.* Cylindrique, évasé vers le haut, uni, jaunâtre, tortueux et noir vers la terre. *Chapeau.* Arrondi et convexe dans la jeunesse, puis formant plus tard au milieu un disque brunâtre, dont les bords ou rayons sont d'un beau jaune, marqués de zônes brunes, sinueux, et quelquefois réfléchis. *Surface inférieure.* Nervures saillantes, décurrentes sur le pédicule, jaunes et bifurquées. *Saveur.* Acide. *Odeur.* Particulière qui n'est pas désagréable. *Végétation.* Ce Champignon vient sur terre en été et en automne, on le rencontre par groupes. Souvent, dit De Candolle, les individus d'une touffe se fondent ensemble par le pied. *Propriétés*. Quoique la saveur acide diminue par la cuisson, cependant j'engage à n'en pas faire usage comme comestible.

CHAMPIGNONS VÉNÉNEUX.

I. Genre BOLETS.

Caractères botaniques des Bolets. Chapeau sessile ou pédiculé, garni en dessous d'une multitude de tubes où sont renfermées les semences. (Roques.)

1. Bolet du mélèze. (Pl. 9, fig. SS.)

Synonymie. Boletus laricis, De Candolle, *Flore franç.*, 313. — Bull., p. 353, t. 296. Boletus purgans. Persoon.

Vulgairement. Agaric des pharmaciens. Cordier. — Agaric blanc purgatif.

Caractères botaniques. Pédicule. Nul, ce Champignon étant sessile, attaché latéralement, glabre et de couleur blanche. *Chapeau.* De douze à quinze pouces de diamètre, de la forme d'un sabot de cheval, très-épais. La face supérieure est marquée de quelques zônes jaunâtres ou brunes, mais très-peu apparentes. *Face inférieure.* Garnie de tubes jaunâtres, dont l'ouverture est peu apparente. *Saveur.* Pulpe intérieure subéreuse, farineuse, blanche, molle, aigre et assez amère en le mâchant. *Odeur.* Pénétrante. *Végétation.* Il croît dans les Alpes et dans le Dauphiné, sur les vieux troncs du mélèze, même après qu'ils ont été abattus. *Propriétés.* Ce Bolet fournit à l'analyse chimique une résine particu-

lière, abondante et très-âcre, selon Braconnot et
Bouillon-Lagrange, de la fungine, un extrait amer, une
matière animale, divers sels et un acide libre. C'est un
drastique violent dont il faut se méfier. Il serait dangereux de faire usage de ce Bolet comme aliment. Lorsqu'il est sur pied, dit le docteur Roques, il s'en exhale
des émanations tellement délétères, qu'on doit détour-
ner la tête lorsqu'on veut le cueillir, afin d'éviter tout
accident.

C'est un vomi-purgatif, dont on neutralise les effets
irritans au moyen de boissons gommeuses et sucrées,
mais il faut en boire en grande quantité et surtout dès
l'invasion de l'empoisonnement.

II. Bolet a tubes rouges. (Pl. 7 , fig. Q.)

Synonymie. Boletus rubeolarius. Bull. — Luridus.
Pers. — Suillus rubeolarius. Poiret.

Vulgairement. Oignon de loup. Paulet.

Caractères botaniques. Pédicule. Jaune, ovoïde à sa
base. *Chapeau.* Orbiculaire, comprimé et d'un roux plus
ou moins foncé. *Tubes.* Rougeâtres, ou de la couleur
de cinabre, surtout à leur orifice. *Chair.* Epaisse et mollasse, d'abord jaune, puis devenant bleue si on l'entame,
et quelques instans après d'un noir suspect. *Odeur.* De
foie, de soufre insupportable. *Saveur.* Acre. *Végétation.*
On rencontre ce Bolet dans les bois en août et septembre. *Propriétés.* Il renferme un principe résineux très-
délétère. Une once, dit Roques, suffit pour faire périr
un chien; il succombe à la suite de vomissemens exces-

sifs et d'une roideur tétanique. Ce Bolet est très-vénéneux.

Variété. Bolet à tubes jaunes (Boletus chrysanteron.
Bulliard.) Ce Bolet est vénéneux ainsi que ses autres
variétés. Le chapeau est voûté, arrondi, d'un brun
plus ou moins foncé et garni de tubes larges et irréguliers. La pulpe, naturellement jaune, change de couleur
par le contact de l'air.

Le savant auteur de la Phytographie médicale, le docteur Roques, a eu occasion de traiter souvent des empoisonnemens par le Bolet à tubes rouges et jaunes, en
administrant au malade, après l'expulsion du poison,
des lavemens huileux et des fomentations émollientes sur
l'abdomen, et principalement un grain d'extrait d'opium,
dont on peut renouveler la dose au besoin, et qu'on
fait dissoudre dans une cuillerée d'eau de fleurs d'oran-
ges. Ce moyen est admirable, dit le docteur Roques,
dans les cas qui s'accompagnent d'une irritation vive,
de coliques et de spasmes des viscères abdominaux, mais
il faut pouvoir appliquer à temps ce remède, qui alors
dissipe les spasmes, prévient l'inflammation et sauve le
malade d'une mort inévitable.

III. BOLET DU NOYER. (Pl. 6, fig. H.)

Synonymie. Boletus juglandis. — De C. *Flore franç.*,
320. Bull. Schœff. — Boletus platyporus. Persoon.

Vulgairement. Mielleux, langon, oreille du noyer.
Cordier.

Caractères botaniques. Port. Ce Champignon bizarre
a, dans son parfait développement, depuis six jusqu'à

quinze pouces de diamètre. *Pédicule.* Latéral, très-court, épais, roussâtre, à taches élégantes, dont la base de couleur brune est souvent attachée par le côté convexe. *Chapeau.* De la forme d'une oreille, et remarquable par un enfoncement causé par l'insertion du pédicule ; de couleur jaune roux, ou fauve bistré, ordinairement couvert de squames brunâtres, ou crevassé. *Tubes.* Larges, courts, quelquefois blancs, le plus souvent de la couleur du reste de la plante. *Odeur.* Forte et pénétrante qu'il serait peut-être dangereux de respirer long-temps. *Chair.* Blanche, d'une saveur d'abord salée, puis mielleuse et non désagréable. *Végétation.* Ce Champignon, très-variable dans sa forme, sa couleur et ses dimensions, croît sur le noyer et quelquefois sur le tilleul et le saule. *Propriétés.* Quelques malheureux font usage de ce Champignon, quoique ferme et compacte, après lui avoir fait subir une longue coction, mais quoiqu'il ne soit pas essentiellement vénéneux, il est au moins suspect. Le célèbre botaniste Desvaux rapporte qu'un cultivateur du Poitou en fait sa nourriture habituelle, sans en être incommodé. Ce pauvre homme soumet, pour toute préparation préservative, les divers Champignons qu'il destine à sa nourriture, à une coction prolongée qui enlève leurs principes délétères, parce qu'il jette l'eau qui a dissous et s'est emparée des principes délétères.

IV. BOLET ÉLÉGANT. (Pl. 6, fig. I.)

Synonymie. Boletus elegans. Bull.

Caractères botaniques. Pédicule. Plein, plus ou moins court, recouvert quelquefois entièrement de tuyaux qui s'étendent sur sa superficie sans avoir de limites déterminées. *Chapeau.* De forme plus ou moins auriculaire, lisse en dessus, de couleur brun rouge avec des reflets dorés, et pointillé de taches noires. *Chair.* D'un tissu serré, ferme, difficile à rompre, n'ayant que quatre à cinq lignes d'épaisseur, et ressemblant assez à un morceau de cuir. *Port.* Très-fins, se terminant presque tous régulièrement, et formant une surface unie en dessous. On ne les sépare que très-difficilement du chapeau et du pédicule, avec lequel ils ne sont pourtant que contigus. *Odeur.* D'anis. *Saveur.* Amère et désagréable au goût. *Végétation.* On trouve ce Bolet dans les bois, sur les souches pourries, en août et septembre. *Propriétés.* Il est vénéneux.

v. Bolet calcéolaire. (Pl. 10, fig. TT.)

Synonymie. Boletus calceolarius. Paulet. — An Boletus infundibuliformis. Persoon ?

Caractères botaniques. Pédicule. D'un jaune de tan, prenant une teinte grise vers la terre. Long de deux à trois pouces sur six lignes d'épaisseur dans sa partie moyenne, et beaucoup plus évasé du haut. *Chapeau.* Charnu, de forme irrégulière, creusé en entonnoir, dont le pédicule serait le tuyau; d'un jaune tanné ombré de noir; large de deux à trois pouces. *Pores.* De couleur fauve. *Saveur.* Acide et amère. *Odeur.* De moisissure. *Végétation.* On le trouve en automne dans les forêts sur les hêtres. *Propriétés.* Il est vénéneux.

vi. Bolet chicotin. (Pl. 10, fig. X.)

Synonymie. Boletus amarissimus. D.

Caractères botaniques. Pédicule. Epais, bulbeux, de couleur blanche, sale, long de trois pouces. *Chapeau.* D'abord arrondi, puis affectant une surface plane élégante de forme, d'un jaune cannelle, et offrant au centre une auréole de couleur bistre au milieu ; ce disque est entouré d'une zône cannelle, d'où partent des rayons divergens et excentriques. *Surface inférieure.* De forme hémisphérique. *Pores.* Nombreux, d'un blanc noirâtre auprès du chapeau, et de couleur jaune par le bas. *Saveur.* D'une amertume insupportable, d'où lui vient son nom. *Odeur.* Résineuse. *Végétation.* On trouve ce champignon dans les bois et sur les terrains sablonneux. *Propriétés.* Vénéneux.

CHAMPIGNONS VÉNÉNEUX.

V. Genre HYDNE.

Caractères botaniques de cette classe. Chapeau pédiculé horizontal ou cyathiforme, garni de pointes à la surface inférieure.

Hydne sinué. (Pl. 4, fig. Y.)

Synonymie. Hydne lamelleux de Normandie, Erinace sinué. — Hydnum repandum. Sowerb., t. 176. — Schœff., t. 318. — De Cand. *Fl. fr.*, 292. — Hydnum sinuatum. Bull. Champ., p. 311, t. 172. — Hypothèle répandu. Paulet, pl. 4, fig. 2.

Vulgairement. Eurchon, Rignoche, Arresterou (Landes); Pied de mouton blanc, Barbe de chèvre (Vosges); Chevrotine, Chamois. Paulet.

Caractères botaniques. Pédicule. Excentrique, long de trois pouces, renflé à sa base, et comprimé sur les flancs. Il est blanc avec des teintes de rouille. *Chapeau.* De la largeur de six à sept pouces; d'abord convexe, puis plan, enfin cyathiforme ou en coupe; légèrement sinué et plus coloré vers ses bords qu'au centre. La superficie en est inégale; quand le Champignon est jaune, il est entièrement blanc comme du lait, mais à mesure qu'il avance en âge il prend une teinte jaunâtre plus ou moins foncée. *Surface inférieure*. Ainsi que toutes les espèces de ce genre, au lieu de lames, ou de tubes engainés, elle est garnie de pointes coniques, jaune ventre de biche, très-serrées, dirigées en divers sens, et qu'on peut comparer aux houppes ou papilles nerveuses qui tapissent la langue de bœuf. *Chair*. Ferme et cassante. *Saveur*. Ce Champignon, d'abord agréable au goût, laisse sur la langue une sensation âcre, poivrée et désagréable; caractères perfides, quoi qu'on en dise, de l'Erinace sinué dont j'ai pensé être la victime. *Végétation*. On trouve l'Hydne sinué à terre, le plus souvent par groupes, dans les bois humides et ombragés où il se développe en automne. *Propriétés*. Quoique plusieurs auteurs le regardent comme comestible, le fait suivant me prouve le contraire.

Ayant rapporté de ma course botanique, le 26 novembre 1826, un de ces Champignons dont je désirais donner l'histoire dans cet ouvrage, je n'étais point éloigné, d'après ses caractères extérieurs et ses couleurs favorables, de le ranger parmi les comestibles, puisqu'on le mange dans certains pays, après pourtant lui avoir fait subir une préparation; mais j'aurais commis une erreur fatale en ne le marquant point du sceau de la réprobation, car voici ce qui m'est arrivé. Je le dégustai, suivant l'usage, afin de pouvoir indiquer sa saveur, et je lui trouvai un goût de noisette d'abord agréable; mais bientôt une ardeur brûlante, qu'occasionerait le poivre, remplaça cette première sensation. Je passai la journée sans éprouver aucun symptôme d'empoisonnement, mais le soir mon pouls s'affaiblit, mon visage devint pâle, ma respiration courte, et la région de l'épigastre distendue. Bientôt des vomissemens excessifs et long-temps prolongés de matières noires et visqueuses se déclarè- rent; l'oppression augmenta, ainsi que la tension dou- loureuse de l'estomac et du bas-ventre; enfin des anxié- tés, des sueurs fugaces, une lipothymie accablante, une cardialgie et de fréquens évanouissemens annonçaient une mort prochaine. Cependant ayant rendu le morceau fatal que j'avais avalé, je n'eus pas besoin de recourir à un émétique, et je fis cesser la progression rapide des dangers imminens en buvant d'une infusion de valé- riane édulcorée avec le sirop d'éther, avec addition de cinq gouttes d'acide hydrocyanique médical par tassée d'infusion.

Je restai néanmoins pendant plusieurs jours dans une espèce d'ivresse et d'assoupissement d'où pouvaient à peine me tirer les douleurs nerveuses et les soubresauts dont j'étais tourmenté. Des sueurs copieuses terminèrent la crise le quatrième jour. Il est à remarquer que le mor- ceau de Champignon, de la grosseur d'une fève, n'a- vait pu dépasser le détroit du pylore, puisque au lieu d'éprouver des déjections alvines copieuses, je fus frappé pendant les quatre jours d'une constipation opiniâtre. Je conserve encore le papier sur lequel j'ai fait cette description, et où a reposé pendant trois heures ce Champignon offrant les traces du suc vénéneux qui a effacé une partie des caractères.

CHAMPIGNONS VÉNÉNEUX.

VI. GENRE VESSELOUPS.

Caractères botaniques du genre. Champignons n'ayant point de chapeau bien distinct; séminules contenues dans un réceptacle commun, fermé dans le jeune âge. Expansion fongueuse, arrondie, d'abord charnue et ferme, se convertissant en une bourse pleine de poussière.

1. VESSELOUP ORANGÉE. (Pl. 6, fig. K.)

Synonymie. Lycoperdon aurantium. Bull., pl. 270.

Caractères botaniques. La superficie de ce Champignon est tantôt d'un jaune paille, et tantôt d'un jaune orangé. Les inégalités qu'on y remarque ressemblent quelquefois à de petits boutons de différentes formes, quelquefois à des écailles de différentes grandeurs, quelquefois aussi elles ne sont formées que des intervalles qui se trouvent entre des crevasses croisées en sens contraire; dans l'état de jeunesse elle est remplie d'une chair jaunâtre; dans son parfait développement, cette chair se change en une poussière noirâtre. L'enveloppe qui la retient est plus solide et plus épaisse que dans aucune des espèces de ce genre; il est rare aussi qu'elle s'ouvre dans le centre, comme les autres espèces pour livrer passage à la poussière dont elle est remplie. C'est par différentes petites ouvertures naturelles ou pratiquées par des insectes, que cette poudre s'échappe, et c'est par cette raison que l'on trouve presque toujours cette plante desséchée sur place sans avoir changé de forme. *Végétation*. On trouve assez fréquemment cette espèce, dit Bulliard, dans nos bois en septembre et octobre. Elle se plaît dans les lieux herbeux. *Propriétés*. Vénéneuse.

11. **Vesseloup étoilée.** (Pl. 6 , fig. KK.)

Synonymie. Lycoperdon stellatum. Bull. , 288.

Caractères botaniques. Ce Champignon, dit Bulliard, dans son état de jeunesse a la forme d'une boule. Tant qu'il est dans cet état, il reste caché sous terre ; cette boule en renferme une autre d'où doit s'échapper immédiatement la poussière. La boule externe a ses parois épais, elle se fend dans le haut ; ses divisions s'écartent peu à peu de la boule interne, se roulent sur elles-mêmes, et par une élasticité qui leur est propre, soulèvent la boule interne qui se trouve alors écartée de la terre, et portée sur ces divisions comme sur autant de pieds ; quand la boule interne a été quelque temps dans cet état, elle se crève dans le haut, et il s'en échappe une poussière brunâtre ; quelque temps après l'enveloppe noircit, se crevasse, ses divisions se renferment, et le Champignon périt. *Végétation*. Cette espèce est assez commune dans nos bois en automne ; on le trouve dans les bois de haute futaie.

CHAMPIGNONS VÉNÉNEUX.

VII. Genre MORILLE.

Caractères botaniques du genre Morille. Chapeau pédiculé, ovale, non percé au sommet, mais garni de réseaux cellulaires anastomosés. Plante dont la membrane fructifère dégénère en pulpe, et qui sort d'un volva.

I. Satyre fétide. (Pl. 8, fig. ETC. ETC.)

Synonymie. Phallus impudicus. De C., *Flor. franç.,* 575. — Bull., 276.

Description. On ne peut reconnaître ce Champignon qu'après son entier développement, car il ne se montre en naissant que sous la forme d'une masse molle, un peu charnue, presque ovale, de couleur jaune, enveloppé entièrement d'une coiffe lisse, qui se déchire et s'ouvre à son sommet, pour donner passage à un pédoncule long de six à huit pouces, d'un blanc sale ou verdàtre, creux, cylindrique, épais, percé d'un grand nombre de petits trous, un peu rétréci vers son sommet.

Ce pédoncule supporte un chapeau en forme de tête ovale, conique, auquel il n'adhère que par son extrémité supérieure. Ce chapeau est ombiliqué à son sommet, creusé par des cellules très-irrégulières : il en

découle une liqueur livide, verdâtre, d'une odeur infecte, qui se fait sentir au loin, et dont cependant les
mouches sont fort avides. Cette plante dure peu; elle
croît dans les bois à la fin de l'été ou de l'automne.

On a cru qu'en raison de sa conformité avec les organes génitaux masculins, ce Champignon était aphrodisiaque; des habitans de divers pays le ramassent avant
sa maturité, et le mettent en poudre après l'avoir fait
sécher en plein air ou à la fumée. Ils le mêlent avec
une liqueur spiritueuse, et en font prendre une certaine
dose aux animaux mâles et femelles dont ils cherchent
à multiplier la race.

FIN.

EXPLICATION

DES MOTS PEU USITÉS

EMPLOYÉS DANS CET OUVRAGE.

Anneau. Voyez *Collerette.*

Appendice. Prolongement du pédicule sur les lames ou feuillets. En général, toute partie qui, fixée à un organe, paraît additionnelle à sa structure.

Aréole. Cercle coloré qui se trouve sur le chapeau du Champignon, et d'une teinte différente. On la remarque aussi quelquefois sur le pédicule.

Bulbeux. Se dit d'un pédicule gonflé à sa base et arrondi comme le bulbe d'un ognon.

Chapeau, *Chapiteau*, *Piléole*. C'est la partie soutenue par le pétiole, tantôt de la forme d'un parasol, d'un éteignoir, d'une coupe, d'un entonnoir, d'un cône arrondi, comme dans la Morille ; d'une mitre dans les Helvelles.

Collerette, *collier*, *collet* ou *anneau.* C'est une membrane qui, dans le jeune âge de certains Agarics ou Bolets, se détache du dessous du chapeau pour rester attachée à la partie supérieure du pédicule, où elle forme une sorte de bourrelet annulaire plissé ou rabattu. Souvent ce collier est filamenteux, on l'appelle alors *voile*, *cortine* ou *collet arachnoïde.*

Feuillets ou *lames.* Organes reproducteurs des Champignons, contenant leurs semences. C'est la même chose que *membrane sporulifère*, *séminifère*, *gongylifère ; hymenium* et *surface placentaire.* Les lames sont pour l'Agaric ce que les tubes ou pores sont pour les Bolets ; les veines ou replis saillans pour les Mérules ; les pointes ou aiguilles pour les Hydnes.

Fongus, *fongueux.* Partie pulpeuse de la nature du Champignon.

Lames. Voyez *Feuillets.*

Mamelon. Petite éminence arrondie, placée au milieu du chapeau des Amanites ou des Agarics.

Nervures. Espèces de filets rameux et saillans, ou organes séminifères des Mérules.

Ombiliqué. Chapeau offrant au centre un enfoncement.

Pédicule, qu'on appelle aussi *stipe*, *pied* ou *tige*, est la partie qui supporte le chapeau. Il est bulbeux ou non bulbeux, creux ou plein, lisse ou sillonné, nu ou écailleux, charnu ou coriace. Il est central ou excentrique. Quand cet organe manque, on nomme le Champignon central sessile.

Pointes ou *piquans*. Organes reproducteurs des Hydnes, et où sont renfermées les semences, comme dans les lames ou feuillets des Agarics, et les tubes ou pores des Bolets, etc.

Pores. Ouverture des tubes reproducteurs des Bolets.

Pulpe. Substance charnue des Champignons qui se conserve intacte, ou se pourrit, ou se convertit en poussière, suivant l'espèce.

Réceptacle. Organe contenant les graines des Champignons.

Rides anastomosées. C'est ainsi qu'on appelle la surface inférieure des Mérules.

Sessiles. Sans queue, c'est-à-dire, ce qui est immédiatement fixé sur la partie qui lui donne naissance, chapeau de Champignon sans support.

Séminules. Ou petites semences renfermées entre les lames des Agarics, dans les tubes des Bolets, des veines dans les Mérules, etc.

Subulé. En forme d'alène.

Support. Partie du Champignon qui porte le chapeau. C'est le synonyme de pédicule ou de tige.

Tige. Voyez *Pédicule*.

Tubercule, *tuberculeux*. Nœud, tumeur médiocre, gonflement du pédicule à sa base.

Tubes. Organes séminifères des Bolets.

Veines. Organes séminifères des Mérules.

Voile. (Paulet.) Voyez *Collerette*.

Volve, *volva* ou *bourse*. C'est une membrane ordinairement blanche qui enveloppe la jeune Amanite et se déchire à mesure qu'elle se développe ; elle est *complète* quand elle reste entière à la base du Champignon ; *incomplète*, lorsqu'il en reste une partie en lambeaux sur la surface du Champignon.

TABLE

DES MATIÈRES.

PREMIÈRE PARTIE.

Amanites comestibles.

Agarics comestibles.

Hydnes comestibles.

Helvelles comestibles.

Morilles comestibles.

Pézizes comestibles.

Truffes comestibles.

Tremelles comestibles.

DEUXIÈME PARTIE.

Amanites suspects.

TROISIÈME PARTIE.

Amanites vénéneuses.

16

Mérule vénéneuse.

Bolets vénéneux.

FIN DE LA TABLE.